Die Mond-Schatz-Jäger

Boris Koch

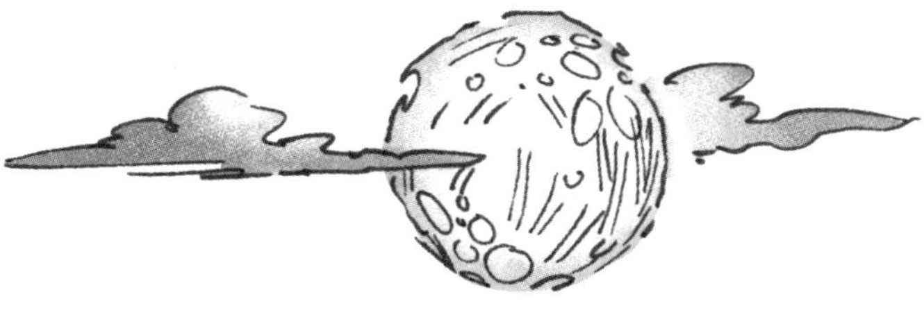

Edition Roter Drache

Für Alex.
Den besten kleinen Bruder der Welt.

1. Auflage August 2022

Edition Roter Drache, Holger Kliemannel, Am Hügel 7, 59872 Meschede
edition@roterdrache.org; www.roterdrache.org
Buchgestaltung: Holger Kliemannel
Umschlaggestaltung & Illustrationen: Frauke Berger, www.kigeki.de
Hergestellt in der EU

ISBN 978-3-96815-042-0

Inhaltsverzeichnis

1. Kapitel

Das Geheimnis der abgeblitzten Villa

Mein kleiner Bruder Axel hatte den besten Bruder der Welt.

Mich.

Wann immer er sich in einen Schlamassel bugsierte, war ich da, um ihn wieder rauszuhauen. Er vertraute einfach darauf, dass ich schon einen Plan haben würde. Und den hatte ich. Immer.

Im Freibad hatte ihn einmal ein bergtrollgroßer Angeber mit ungefähr zwanzig Schwimmabzeichen und hundert Tattoos von oben herab angesehen und gesagt: »Hey, Zwerg, du traust dich bestimmt keinen Köpper vom Dreier.«

»Pfff«, machte Axel nur und kletterte die sonnenblitzende Stahlleiter hinauf. Mit trotzig vorgeschobener Unterlippe stieg er am Dreier vorbei und bis ganz nach oben zum Fünfer. Höher ging es nicht. Ohne auch nur ein einziges Mal zu zögern, lief er zur Kante vor und sprang. Im Flug schrie er: »Naaa?«

Nicht einen winzigen Moment lang dachte er daran, dass er gar nicht schwimmen konnte.

Er platschte aufs Wasser und sackte bis zum fünf Meter tiefen Kachelgrund hinunter. Die Umstehenden lachten und jubelten, aber ich reagierte blitzschnell. Ich sprang ihm hinterher und fischte ihn aus dem Becken.

Axel legte dauernd solche Stunts hin.

Ma wusste davon nichts, aber irgendwas schien sie zu ahnen. Denn jedes Mal, wenn Axel aus dem Haus ging, sagte sie zu mir: »Hagen, pass bitte auf deinen Bruder auf!«

Und ich, Hagen Julius Kaiser, passte auf. Denn Axel war für seine achteinhalb Jahre schmächtig. Seine Augen waren groß und nachtwaldgrün, das Haar dunkelblond.

Ich passte jedoch nicht nur auf, sondern brachte ihm auch alles bei, was man nicht von seinen Eltern lernt und trotzdem braucht. Ich zeigte ihm, wie man eine Schleuder baut und richtig benutzt. Wie man freihändig um Kurven radelt, auf windschiefe Bäume klettert, in großen Kartons die Treppe runterbrettert und sich im Schwertkampf mit einem Schild verteidigt. Dafür nahm ich eine frische Haselnussrute und drückte Axel einen alten, angerosteten Topfdeckel in die Hand.

Ich zeigte ihm, wie man mit einer Lupe ein Lagerfeuer entzündet und wie man Bucheckern knackt und isst, obwohl die ein bisschen giftig sind. Wirklich nur ein bisschen.

Und was machte Axel mit all dem Wissen?

Mit der Schleuder schoss er einen Sprung ins Glas der Terrassentür und knallte sich den schnalzenden Gummi so fest ans Ohr, dass es blutete. Mit der Lupe fackelte er auf offenem Feld nicht nur sein Häufchen aus trockenen Zweigen und Zeitungspapier ab, sondern auch einen großen Strohballen vom Bauern Maierhofer direkt daneben. Auf dem Rad raste er freihändig über eine Skaterschanze, flog mit doppeltem Überschlag haarscharf an einem parkenden Porsche vorbei und landete im nächsten Graben.

Zum Glück habe ich Axel auch beigebracht, wegen solcher Kleinigkeiten nicht gleich zu heulen. Deshalb war er nicht nur klein und schmächtig für sein Alter, sondern auch zäh wie Opas Rinderbraten.

Ma und Pa nicht. Die waren über jede von Axels Schrammen ebenso entsetzt wie über das blutige Ohr.

Und jedes Mal fragten sie natürlich mich, nicht ihn: »Wie konnte das passieren?«

Also tat ich, was ich als großer Bruder eben tat: Ich schützte den Kleinen vor Ärger. Ich rückte seine Taten ins rechte Licht, betonte seine guten Absichten und schimpfte auf das Pech, das ihm ständig in die Quere kam. Manche Kleinigkeiten vergaß ich zu erwähnen, andere zerrte ich ins Scheinwerferlicht meiner Geschichten. Lautstark lobte ich Axels unglaubliche Reaktion, mit der er dem fetten Sportwagen ausgewichen war. Ich fuchtelte mit den Armen und rief: »Das war ein aufgemotzter Turbo mit Spoiler! Der röhrt wie eine Marsrakete und macht Spitze über 300 Sachen!«

Dass er im Moment von Axels Sturz geparkt gewesen war und null Sachen gemacht hatte, erwähnte ich nicht. Ma und Pa sprangen voll darauf an und schimpften über alle rücksichtslosen Raser der Welt. Ich nickte heftig und schwieg. Axel bekam keine Strafe fürs Freihändigfahren, sondern ein extra großes Eis zum Trost, das er grinsend mit mir teilte.

Als ich die Ohrwunde von der schnalzenden Schleuder erklären musste, wich ich ganz auf eine andere Geschichte aus, eine ohne Schleuder. Ich erzählte, wie ein kleiner Junge mit Asthma und Brille von drei bulligen Schulorks in die Hagebuttensträucher hinter dem Pausenhof gestoßen wurde. Wie sie ihm sein Essensgeld abnahmen und ihn zwingen wollten, aus den Hagebutten Juckpulver herzustellen und sich selbst in Hemd und Hose zu stecken. Wie Axel superheldenhaft hingestürmt war und geschrien hatte: »Hey, lasst den Kleinen los! Was hat er euch getan?«

Wie die drei erst »Nichts!« geknurrt und dann gelacht und Axel am Ohr gepackt und durchgeschüttelt hatten. Wie Axel sich wütend gewehrt hatte, bis ich dazugekommen war. Wie ich ihm geholfen und die drei schließlich aufgegeben hatten.

Die Geschichte war tatsächlich wahr, nur war sie nicht Axel passiert, sondern meinem besten Freund Robbie. Aber weil Axel sie dringender brauchte, lieh ich sie ihm, Robbie verstand das.

Ma und Pa waren furchtbar stolz auf Axels Einsatz für einen Schwächeren, sagten aber, er solle nächstes Mal lieber einen Lehrer oder Polizisten rufen. Trotzdem bekam er wieder ein riesiges Eis, das er diesmal mit mir und Robbie teilte.

So ging es jede Woche. Wenn Axel Mist baute, half ich ihm mit einer Schutzschummelei aus der Patsche. Schon auf dem Heimweg sagte er immer zu mir: »Dir fällt schon was ein.«

Und er hatte recht, mir fiel jedes Mal etwas ein. Aber ich beschuldigte nie einen Unschuldigen. Ich log auch nicht grundlos, ich tat einfach nur das, was Ma selbst von mir verlangt hatte: Ich passte auf Axel auf. Immer und überall. Manchmal eben auch gegenüber unseren Eltern. Und wenn ich das am besten mit meiner Fantasie konnte, dann fantasierte ich eben.

Das machte ich so gut, dass Ma und Pa überzeugt waren, dass Axel bei mir am sichersten war. Deshalb musste ich ihn immer und überall mit hinschleppen. Und immer und überall musste ich mir neue Geschichten ausdenken.

Doch das, was ich jetzt erzähle, ist keine von diesen Geschichten! Egal, wie unglaublich alles klingt. Nichts davon habe ich mir ausgedacht, nichts ist auch nur ein winziges bisschen übertrieben. Das hier ist die pure und einzige vollständige Wahrheit über die große Suche nach dem Schatz des alten Ringler, so wie wir sie erlebt haben.

Ehrlich.

Mein bester Freund Robbie hieß mit Nachnamen Lahm, obwohl er der Schnellste in unserer Klasse war, beim Rennen, Radfahren und Schwimmen. Er war groß und schlank, und ihn fragte niemand: »Traust du dich einen Köpper von da oben?«

Im ganzen Landkreis gab es kein Sprungbrett, das hoch genug war, um Robbie Angst einzujagen. Er hatte rotblonde Haare und blasse Sommersprossen um die Nase, die ich Zornsprossen nannte. Denn immer, wenn er auf eine Ungerechtigkeit stieß und zornig wurde, färbten sie sich fast rot. Seine Augen waren dunkelbraun und verfärbten sich nicht.

Angefreundet habe ich mich mit ihn, als ich ihn beim Straßenverkauf vom Eiscafé Kristall getroffen habe. Von klein auf hatte Ma uns beigebracht, dass Geld nicht glücklich macht. Aber als ich hinter Robbie anstand, begriff ich, dass kein Geld noch viel weniger glücklich macht. Eine Kugel kostete 1,- Euro, und Robbie verlangte: »Eine halbe Kugel Pistazie, bitte.«

Der Eisverkäufer runzelte die Stirn. »Ich verkaufe keine halben Kugeln.«

Robbie sagte: »Bitte, ich hab nur 50 Cent.«

»Du willst doch nur billig eine Waffel abstauben.«

»Nein, ehrlich nicht. Eine halbe Waffel reicht mir völlig. Nur so viel, dass das Eis nicht runterfällt.«

Aber der Verkäufer blieb hart. »Nein, habe ich gesagt.«

»Warum?«

»Was soll ich mit der anderen Waffelhälfte anfangen? Sie wegwerfen? Niemand will eine halbe Kugel Eis.«

»Ich schon.«

»Aber niemand sonst. Wem soll ich die zweite Waffelhälfte verkaufen?«

»Mir«, sagte ich laut. »Ich nehm sie.«

Der Verkäufer schüttelte den Kopf. »Ich verkaufe seit dreißig Jahren ganze Kugeln und ganze Waffeln. Was Halbes gibt's hier nicht. Also?«

Also kaufte ich meine zwei Kugeln einzeln in zwei Waffeln und schenkte die Pistazie Robbie. An diesem Nachmittag wurden wir Freunde, und das machte uns glücklich. Ob das nun daran lag, dass ich Geld hatte, oder daran, dass Robbie keins gehabt hatte, wusste ich nicht.

Ma sagte, sie sei furchtbar stolz auf mich, und wir seien Freunde geworden, weil wir uns das Eis geteilt haben. Teilen mache glücklich, nicht das Geld.

Ich nickte und erklärte ihr nicht, dass wir ohne Geld gar kein Eis gehabt hätten, um es zu teilen.

Robbie war zehn wie ich, sein Bruder Oskar acht wie Axel, und Robbie ging es genauso wie mir. Immer wenn er das Haus verließ, hieß es: »Nimm Oskar mit, Robert. Dann ist der auch aus dem Haus.« Vor allem am Wochenende, wenn ihr Vater daheim war.

Oskar hatte kleine Ohren und dichte schwarze Locken. Er war ein besessener Fußballtorwart, deshalb sah man ihn nie ohne aufgeschlagene Knie. Obwohl er nur zwei Zentimeter größer war als Axel, konnte er aus dem Stand bis zur Latte hochspringen. Und obwohl er keine Handschuhe besaß, warf er sich in jeden Schuss. »Die brauch ich nicht«, sagte er immer. »Das härtet ab.«

Robbie und ich nahmen also die Kleinen jeden Tag mit und zogen zu viert durchs Dorf. Und weil vier Leute genug waren, um eine Bande zu gründen, taten wir das. Wir nannten uns die *Wandelnden Geister.*

Den Namen hatte ich aus Pas alten Comics, die Ma in Pappkisten in den Keller geschafft und die ich heimlich wieder nach oben geschmuggelt hatte. Der Held der Hefte hieß Phantom und lebte in einer Totenkopfhöhle tief im Dschungel. Er kämpfte gegen das Böse und für alle Unterdrückten, wie es seine Vorfahren schon seit vierhundert Jahren getan hatten. Die waren auch alle Phantom gewesen. Er war wie Tarzan, Batman und James Bond zugleich und wurde der *Wandelnde Geist* genannt. Phantom konnte einfach alles sein, und wir wollten auch alles sein.

Das Coolste an Phantom aber war sein Totenkopfring. Das war ein Siegelring an seiner rechten Hand, mit der er die Verbrecher niederschlug, sodass sich der Totenkopf auf deren Kinn abzeichnete. Dann wusste jeder sofort: Der Kerl taugt nichts.

An der Linken trug er einen zweiten Siegelring mit vier kreuzförmig angeordneten *P*. P wie Phantom. Vier wie wir vier, das passte perfekt. Wer sein Zeichen trug, stand unter seinem Schutz. Dass er die, die unter seinem Schutz standen, dann irgendwie auch schlagen musste, um sie zu markieren, erschien mir seltsam. Aber mit links tat es wahrscheinlich weniger weh.

Es gab *Original Phantom-Totenkopfringe* zu kaufen. Natürlich waren die nicht das echte Original, sondern nur Originalkopien. Doch dafür reichte unser Taschengeld nicht. Also gingen wir in Pas Werkstatt und sägten uns von einem Stahlrohr selbst vier breite Ringe ab.

Jeder malte mit einem schwarzen Folienstift einen Totenkopf auf seinen Ring. Weil der Stift sofort trocknete und nicht abfärbte, steckte ich ihn immer ein. Dann konnte ich jeden Gangster, den ich niederschlagen musste, damit direkt markieren.

Phantom trug den Ring am Mittelfinger, also hatte ich ein Rohr mit passendem Durchmesser ausgesucht. Robbies und mein Ring saßen genau, nur die Kleinen mussten ihre auf den dickeren Daumen stecken.

»Und wie soll ich damit boxen?«, fragte Axel, als wir uns die Ringe überstreiften, und verdrehte den Arm. »Daumen voraus?«

»Das ist egal«, sagte ich. »Markieren tu ich die Gangster. Ich bin der Boss.«

»Wir«, sagte Robbie. »Wir sind der Boss.«

»Genau.« Ich nickte und drehte meinen Ring so, dass der Totenkopf nach oben zeigte.

Das war das Schöne an unserer Bande: Robbie und ich mussten uns nicht einigen, wer der Boss war. Jeder hatte seinen eigenen kleinen Bruder und damit seinen eigenen Untergebenen. Aus Gründen der Abwechslung tauschten wir sie manchmal auch oder warfen am Morgen eine Münze, wer heute wen bekam.

Wann immer wir konnten, zogen wir auf Abenteuer aus. Wir schickten eine Flaschenpost auf Pergament die Isach hinab, bekamen jedoch keine Antwort. In der Dämmerung beobachteten wir junge Füchse beim ersten Jagdausflug.

Auf dem Schrottplatz erbeuteten wir vier alte Autositze aus weißem Leder, die unsere Throne in unserer Totenkopfhöhle sein sollten. Natürlich schleppte Axel schwankend und keuchend den größten fort und wurde deshalb fast von den geifernden Wachhunden erwischt. Robbie lenkte sie gerade noch ab, Oskar und ich zogen Axel und den Sitz über den Zaun.

Die Throne versteckten wir im tiefsten Unterholz am Rand des Udanwalds und tarnten sie perfekt mit dichten

Zweigen. Tagelang suchten wir vergeblich nach einer geeigneten Höhle, dann fanden wir nicht einmal mehr unsere Throne. Wir hatten sie einfach zu gut getarnt.

Die Briefkästen der Schulorks versahen wir nach Sonnenuntergang mit Totenköpfen, und Oskar half einer Katze vom Baum, obwohl ich mir nicht sicher war, ob sie wirklich runter wollte.

Aus alten Bettlaken bauten wir Flügel für uns und sprangen den Frühjahrsstürmen entgegen. Weit flogen wir damit nicht, aber wir flogen abwechselnd auf den offenen Feldern, bis der Stoff riss und Axel wieder mal stürzte.

Und dann kamen die Sommerferien, und Robbie und ich schmiedeten hunderttausend Pläne. Doch Oskar wurde am letzten Schultag krank, und so hatten wir nur noch einen Untergebenen, den wir uns jetzt teilen mussten.

Weil Robbie auch noch Oskars Zeugnis abholen musste, verließen wir die Schule als Letzte. Die anderen waren längst fort, die Straße einsam wie in einer texanischen Geisterstadt.

Es war noch nicht Mittag, und die Sonne brannte heißer vom Himmel als über Phantoms Dschungel.

Unsere Schuhsohlen blieben bei jedem Schritt kurz auf dem kochenden Asphalt kleben. Die dicke Tigerkatze vom Mayrhof, die sonst immer nur stolzierte, huschte mit schnellen Trippelschritten über die Straße, um sich nicht die Pfoten zu verbrennen. Die Luft flirrte.

»Trag meine Tasche«, befahl Robbie und drückte sie Axel in die Hand. Schweiß floss ihm übers Gesicht.

»Meine auch«, sagte ich schnell. Zwei Bosse, ein Gedanke.

»Warum?«, fragte Axel misstrauisch.

»Muskeltraining«, erklärte ich. »Du willst doch stark werden wie Phantom, oder?«

»Klar!« Axel packte die Taschen wie Hanteln und stemmte sie locker vor der Brust auf und ab. Er war schon mutig wie Phantom, aber leider nicht so schlau. Schlau wie Phantom war ich, und Robbie war so schnell. Wenn Oskar nicht krank war, war er abgehärtet wie Phantom.

»Sieht leicht aus«, sagte Robbie grinsend.

»Zeugnisse wiegen halt nichts«, sagte ich.

»Pfff!«, machte Axel. »Ich kann auch viel mehr stemmen.« Er krallte sich zwei große lose Pflastersteine aus dem Rinnstein und stopfte einen in Robbies Tasche und einen in meine. Und dann noch zwei. Als er die Taschen jetzt stemmte, keuchte er. »*Das* ist Muskeltraining.«

»Gib meine wieder her«, verlangte Robbie.

»Warum?«

»Weil sie meine ist. Und ich will auch stark wie Phantom werden.«

Ich wollte das zwar auch, aber weil Axel so sehr bettelte, dass er wenigstens meine Tasche behalten durfte, ließ ich sie ihm. Ich half ihm sogar, zwei weitere lose Pflastersteine für seine eigene zu finden, sodass er wieder zwei Hanteln hatte.

Robbie machte inzwischen fünf Liegestützen mit seiner Tasche auf dem Rücken.

Als wir weitergingen, kickte er einen Kiesel mit voller Wucht die verlassene Straße entlang. Der kantige Stein raste im Zickzack davon und schlug weit vor uns in einer Hecke ein. Oskar hätte ihn nicht mal mit Magnet-Handschuhen gehalten.

»Kriegst du von deiner Oma wieder Geld für gute Noten?«, wollte ich wissen. Axel und ich bekamen immer ein Buch geschenkt, egal, was für Noten wir hatten, aber nie Geld. Dafür bekam ich mehr Taschengeld als Robbie, und das war mir lieber. Denn darauf konnte ich mich jeden Samstag verlassen, auf meine Noten nicht.

Unsere Lehrerin Frau Brecheisen sagte immer, ich hätte zu viel Fantasie. Sie sagte es beim Diktat, beim Rechnen, beim Malen und sogar in Musik, nur weil ich nicht nach Noten spielte, sondern nach Laune.

Vor allem aber sagte sie es bei den Erlebniserzählungen, die sie mir nie glauben wollte. Da nannte sie mich sogar Lügenbaron Münchhausen.

»Nein«, antwortete Robbie, ohne mich anzusehen. »Kein Geld.«

»Warum?«

»Weil sie nur für Einser bezahlt.«

»Hast du in Sport keinen?«, fragte ich ungläubig. Robbie war nicht nur überall der Schnellste, sondern auch der Beste im Fußball, Werfen und Weitsprung, der Zweitbeste im Turnen und konnte einen Salto vom Startblock.

»Doch, klar.« Er kickte noch einen Stein weg. »Aber Sport ist kein richtiges Fach, sagt Oma. Dafür muss man nicht lernen, also bezahlt sie auch nicht dafür.«

»Das ist nicht fair!«

Axel keuchte: »Dem Lionel Hartmann wird sogar das Taschengeld gekürzt für jede Note, die kein Einser ist. Weil seine Eltern Einser für normal halten und alles andere für Versagen.«

»Seit wann sprichst du mit Lionel?«, fragte Robbie und sah Axel mit zusammengekniffenen Augen an.

»Tu ich nicht. Ich hab's nur gehört.«

»Ich hoffe, der hat tausend Sechser«, brummte Robbie. Den Aufschneider und Möchtegerngeneral Lionel konnte er so wenig leiden wie der ihn.

»Ja. Obwohl es nicht viel bringt«, warf ich ein. »Der kriegt so viel Taschengeld, dass er leicht alle Sechser der ganzen Schule bezahlen könnte, und die Fünfer und die Vierer, Dreier und Zweier dazu.« Weil Lionel so stinkreich war, hatte er auch eine größere Bande als wir, obwohl er keine Geschwister hatte.

»Und tut er's? Bezahlt er für andere?«, fragte Axel.

»Nein, nie«, stieß Robbie hervor und trat noch einen Stein die Straße entlang. »Dabei ist seine Familie die reichste im Dorf.«

»Aber erst, seit der alte Ringler tot ist«, sagte ich.

Robbie und Axel nickten. »Leider.«

Axel hatte längst aufgehört, die Taschen zu stemmen, und ließ die Arme schlapp hängen. Aber er war viel zu stolz, um die Steine wieder rauszuräumen. »Hätte der alte Ringler für alle bezahlt?«

Robbie und ich zuckten mit den Schultern. Niemand hatte je gewusst, was der alte Ringler tun würde, er war unberechenbar gewesen, einfach anders als jeder andere im Dorf.

»Ich glaube nicht, dass er jemanden hätte hängen lassen«, sagte ich. Auf jeden Fall hatte er sich nie über die Armut von anderen lustig gemacht, so wie es Lionel tat.

Wir sahen uns an, und ohne ein weiteres Wort wussten wir, wo wir hinwollten. Langsam setzten wir uns in Richtung Ringlervilla in Bewegung. Das war ein Umweg, aber bis zum Mittagessen war noch Zeit, und Axel und Robert wollten ja trainieren. Axel schwitzte wie ein Eskimo in der Wüste. Die Zunge hing ihm aus dem Mund, und er atmete so schwer wie nach einem Marathon. Robbies Atem rasselte wie die Ketten von tausend Gespenstern. Mir genügte es im Moment vollkommen, nur schlau zu sein wie Phantom.

Mit jeder Minute brannte die Sonne heißer. Der Rasen in den meisten Gärten war braun getrocknet. Sogar die Schatten der Sonnenschirme schienen zu einem Nichts zusammenzuschrumpfen. Wir kamen an einem verwaisten Planschbecken vorbei, aus dem das Wasser in Schwaden verdampfte. Wir liefen bis zum nördlichen Dorfrand, bis zur Ruine des alten Ringler.

Zwei Monaten vorher hatte hier noch eine riesige Villa gestanden, mit drei Dutzend Türmchen und Erkern, hundert Zimmern, Türklinken aus Gold, breiten Treppen aus Marmor und einer echten alten Piratenkanone im Garten. Hinter den hohen Fenstern hatten abends gewaltige Kronleuchter aus Kristall gebrannt, bunte Papageien waren frei durch die Zimmer geflogen.

Wir blieben vor dem Tor stehen und blickten durch das Gestänge. Das Feuer hatte die Villa bis auf die rußverschmierten Mauern niedergebrannt. Nur die Papageien und die Kanone waren unversehrt geblieben. Die Kanone zielte weiterhin auf die offenen Felder hinter der Villa hinaus. Die Papageien saßen meist auf Bäumen irgendwo im Dorf herum, krächzten lauthals von ihren Ästen herunter und fluchten wie Seeräuber auf Überstunden.

Der Garten war so groß wie ein Park und mit tiefen Löchern übersät. Die ausgehobene Erde lag in mannshohen Haufen daneben.

»Der alte Ringler hat's abgefackelt, einfach abgefackelt.« Robbie schüttelte den Kopf, als könnte er es nicht glauben.

»Abgefackelt?« Axels Mund klappte auf.

»Ja. In der Nacht vor seinem Tod ist er aus dem Krankenhaus ausgebüxt und hat sie abgefackelt. Damit die Erben nichts bekommen.«

»Aber Ma sagt, es war ein Unfall«, warf Axel ein. »Ein Kurzschluss.«

»Nein«, beharrte Robbie. »Er hat's abgefackelt.«

»Nicht abgefackelt«, verbesserte ich ihn, »abgeblitzt. Wisst ihr noch, die heftigen Gewitter Ende Mai? Da hat er mit einem turmhohen Blitzableiter alle Blitze angezogen. Doch statt sie in den Boden zu leiten und unschädlich zu machen, hat er sie direkt ins Haus gelenkt. Mitten in die riesige Bibliothek.

Alle zehntausend Bücher haben sofort Feuer gefangen, dann die Regale und Schränke, die Vorhänge und Teppiche. Die ganze Villa war voller Papier, Stoffe und Holz.«

Ehrfurchtsvoll sahen wir hinüber.

»Hätte er es nicht einfach jemand anderen vererben können?«, fragte Axel und stützte die schweren Taschen möglichst unauffällig im Torgestänge ab.

Ich tat so, als würde ich es nicht bemerken.

»Und wem?«, fragte Robbie.

»Das ist doch egal. Die Villa war …« Axel verstummte, weil es für ihre Großartigkeit kein passendes Wort gab. Auch Großartigkeit war noch viel zu klein, nicht einmal Megagigantigkeit würde reichen, wenn es das gäbe. »Er hätte sie uns vererben können. Wir hätten sie zu unserer Totenkopfhöhle machen können. Das wäre so cool gewesen, weil es hier doch keine richtigen Höhlen gibt.«

»Vielleicht hatte er Angst, dass seine Verwandten das Testament anfechten und sich doch alles unter den Nagel reißen«, sagte Robbie. »Vor allem Werner C. Junior.«

»Und es gibt immer einen Pflichtteil, hat Pa gesagt. Verwandte bekommen immer etwas«, ergänzte ich, obwohl ich gar nicht wusste, ob das wirklich für alle Verwandten galt. Kinder hatte der alte Ringler keine, auch keine Ehefrau oder Geschwister mehr, nur seine Freundin, andere Verwandte und den Krebs.

Robbie nickte. »Er hat sogar seine Konten leergeräumt bis auf den letzten Cent. Niemand weiß, wo das Geld hin ist.«

Das mit dem Geld wussten wir natürlich, und Robbie wusste, dass wir's wussten, aber wir redeten einfach gern darüber. Das ganze Dorf tat es, weil der alte Ringler Millionär gewesen war.

Multimillionär.

Ma glaubte, seine viel zu junge Freundin war mit der Kohle durchgebrannt. Aber ich war sicher, er hatte das Geld versteckt. Das dachten auch andere, wenn man sich die Löcher in seinem Garten ansah.

»Und wenn er es ausgegeben hat?«, fragte Axel. »Einfach verprasst?«

»Nicht alles.« Robbie schüttelte den Kopf. »Bestimmt nicht alles. So viel kann man gar nicht verprassen.« Er musste es wissen, schließlich verprasste sein Vater das ganze Kindergeld an jedem ersten Wochenende des Monats.

Ich starrte auf die Löcher und fragte mich, ob schon jemand das Geld gefunden hatte. Aber das glaubte ich nicht. »Es muss einen Hinweis geben, eine Karte oder so. Bei Piratenschätzen gibt es immer eine Karte.«

»Er war kein Pirat!«, sagte Robbie, obwohl niemand genau wusste, was der alte Ringler sonst gewesen war.

Lange vor meiner Geburt hatte er Falkenhofen allein verlassen, kurz nach ihr war er mit seiner Freundin zurückgekehrt. Reich und tätowiert, die Haare silbergrau und lang. Die blauen Augen strahlten hell. Meist trug er einen Anzug, doch nie Krawatte. Der oberste Hemdknopf stand immer offen. Er fuhr einen blitzblanken roten Ferrari oder ein altes rostiges Fahrrad, das eine große Clown-Hupe hatte statt einer Klingel. Er kaufte die Villa und baute sie um. Bei dichtem kalten Nebel zog er ein Bein nach. Er lieh niemandem seinen Ferrari, das Rad oder Geld, gab aber gern und viel Trinkgeld. Milena Novotny hatte er mit einem Fünfziger gezeigt, wie man einen Eisvogel faltete, und sagte, sie könne ihn behalten. Manchmal trug er Bart, manchmal nicht. Seine Haut war braun gebrannt wie in der Karibik, aber wenn man ihn fragte, wo er gewesen war, antwortete er nur knapp: »Überall.«

»Er hatte die Kanone«, sagte ich zu Robbie. »Und Papageien, die fluchen.«

»Papageien kriegt jeder in einem Zoogeschäft. Und …«

In dem Moment bremste ein glänzend roter Sportwagen neben uns, der kein Ferrari war, sondern leiser und langsamer. Das Fenster wurde runtergelassen, heraus dröhnte der Song *The winner takes it all.* Der Mann am Steuer trug einen lässigen Dreitagebart und eine verspiegelte Sonnenbrille. Seine großen geraden Zähne glänzten weiß. Es war der Neffe des alten Ringler, Werner C. Ringler Jr., der sein Geld nicht verdiente, sondern gewann. Als Kind mit Wetten, dass er sieben Würmer, drei Spinnen oder zwölf Burger auf einmal essen konnte. Später beim Pokern, im Lotto und in drei unterschiedlichen Fernsehshows. Für sein Auto hatte er sich extra einen riesigen Heckscheibenaufkleber machen lassen, auf dem stand breit und fett: *Gewinner.*

Doch vom Geld des alten Ringler hatte er nichts geerbt, und das ärgerte ihn furchtbar. Er brauchte es nicht, aber er wollte eben immer gewinnen, auch wenn es gar kein Spiel war. Wo immer ich ihn in den letzten Monaten zufällig gesehen hatte, beim Bäcker, im Supermarkt oder auf der Straße, immer hatte er zu irgendwem gesagt: »Der Alte hat mich beschissen! Uns alle!«

Angeblich hatte der alte Ringler seinen letzten Besitz, das leere Grundstück, einem Tierheim geschenkt. Werner C. Jr. hatte vor Gericht dagegen geklagt und gesagt, die sollen stattdessen die Papageien nehmen und damit zufrieden sein. Noch war es nicht zur Verhandlung gekommen, aber Werner C. Jr. fuhr mehrmals täglich hier vorbei, um seinen Anspruch zu untermauern.

Jetzt blaffte er uns an: »Hey, ihr Rotzlöffel! Wo sind eure Schaufeln?«

»Was für Schaufeln?«

»Stell dich nicht blöd, du Bratwurst.« Er nickte in Richtung der Löcher.

»Das waren wir nicht«, sagte ich.

Axel schüttelte den Kopf, Robbie auch.

»Was wollt ihr sonst hier?«

»Nichts.«

»Dann verzieht euch!«

»Aber …«

»Verzieht euch, hab ich gesagt!« Er öffnete die Autotür und setzte einen Fuß in Halbschuhen aus blaugrünem Schlangenleder auf die Straße.

Wir gingen. Es war sowieso schon spät, wir sollten die Zeugnisse endlich heimbringen.

Werner C. Jr. stieg wieder ein und brauste mit Vollgas an uns vorbei. Spitze Kiesel spritzten zornig unter den quietschenden Reifen davon, schnell wie eine MG-Salve. Drei Steine streckten den dicken Gartenzwerg zwei Häuser weiter nieder und ließen seine Mütze in tausend bunte Fetzen splittern.

Wir liefen schneller, bevor man uns auch noch daran die Schuld geben konnte.

2. Kapitel

Das Testament des lachenden Piraten

Bei uns in Falkenhofen gab es keine Buchhandlung. Also machte Ma sich nach dem Mittagessen stadtfein. Sie steckte die langen blonden Haare hoch, malte die Lippen rot und setzte die große Sonnenbrille auf, mit der sie wie ein Filmstar von früher aussah. Das sagte zumindest Pa immer. Er meinte damit aber nicht, dass sie alt aussah, sondern toll. Und das tat sie auch.

Sie, Axel und ich fuhren nach Oberkirchburg hinüber, wo wir uns in der Buchhandlung *20.000 Meilen* immer unsere Zeugnisbücher aussuchen durften.

Im großen Schaufenster sah es aus wie auf dem Meeresgrund. Zwischen Muscheln, Korallen, Seesternen und einer eisenbeschlagenen Truhe lagen die Bücher wie ein gestrandeter Schatz. Auf halber Höhe schwebte ein Laternenfisch, der bei Dunkelheit leuchtete. In seinem aufgerissenen Maul steckten gewaltige, krumme Zähne. Die Tür hatte ein goldenes Bullauge mit geschliffenem Glas. Sah man von drinnen hinaus, verzerrte es die Welt lustig und ließ sie viel größer erscheinen.

Der Besitzer der *20.000 Meilen* hieß Johannes Silber und trug meistens ein Superheldenshirt, diesmal eines von Green Lantern. Das Heldenshirt passte nie richtig zu seiner Brille, dem gemütlichen Bauch und dem schlurfenden Gang, aber das war ihm egal. Wenn man ihn darauf ansprach, zwinkerte er munter und sagte: »Alles Tarnung. Hinter dem tapsigen Clark Kent vermutet ja auch keiner Superman, oder?«

In der Buchhandlung befand sich neben den dicht gestapelten Büchern auch ein großes Aquarium, in dem ein elektrisches U-Boot seine Runden zwischen zahlreichen Fischen drehte. Ich habe nie herausgefunden, wie es gesteuert wurde, Herr Silber wollte es nicht verraten.

Ma schob die Sonnenbrille nach oben und sagte: »Sucht euch aus, was ihr wollt.« Wie immer hieß das: *Was wir aus dem Regal für unser Alter wollten.*

Aber von da wollte ich nichts, ich wollte *Die Drachentroll-Saga*, und die stand im Regal *Ab 12*. Also fragte Axel Ma, ob es auch vegetarische Haie gab.

»Nein«, antwortete sie schmunzelnd.

»Und was ist das da?« Er zog sie zum Aquarium und lenkte sie ab.

Schnell räumte ich *Die Drachentroll-Saga* ins *Ab-10*-Regal. Dann bequatschte ich Ma, damit Axel sein Wunschbuch umsortieren konnte.

Natürlich musste es der Kleine übertreiben und nahm *Der Todesvampir, die Zombiefresserin und ich* aus dem *Ab-14*-Regal. Der Titel und das düstere Cover machten Ma misstrauisch, als wir unsere Bücher unter ihren Augen aus dem Regal zogen.

»Das ist hier falsch«, erkannte sie nach einem kurzen Kontrollblick auf den Klappentext und trug es schnurstracks in die Horrorabteilung für Erwachsene. Anschließend ließ sie Axel nicht mehr aus den Augen, bis er sich fast freiwillig für *Das Piratenferienlager* entschieden hatte. Das Coverbild war ganz bunt, und alle Jungs und Mädels darauf hatten beste Laune. Axel nicht.

An der Kasse fragte sie Herrn Silber zur Sicherheit, ob die Bücher auch wirklich für unser Alter geeignet waren. »Denn eins war nicht korrekt einsortiert.«

Herr Silber warf einen Blick in den Computer, dann auf Axel und mich. Ich machte mich so groß wie möglich, um älter zu wirken.

»Sie sind acht und zehn«, sagte Ma, und ich streckte mich nicht mehr.

Axel sagte trotzig: »Fast neun!«

Herr Silber nickte und zwinkerte mir kurz zu. »Das passt alles.«

Er hatte Ma angeflunkert und mich damit gerettet. Dankbar zwinkerte ich zurück.

Während Herr Silber die Bücher scannte, entdeckte ich gleich neben der Kasse ein großformatiges Buch mit einer verbeulten Goldmaske auf dem Cover. Es hieß *Verschollene Schätze – Legendäre Funde aus zwei Jahrtausenden* und war von Saphira Goldberger. Die Maske glänzte verlockend im einfallenden Sonnenlicht, und ich musste an das verschwundene Vermögen des alten Ringler denken. An seinen gewaltigen Schatz, der irgendwo dort draußen auf seinen Finder wartete. Auf uns. »Halt, Ma, ich will lieber das!«

Sie seufzte. Nach einem kurzen Blick darauf fragte sie: »Ist das überhaupt für Kinder?«

»Nicht ausdrücklich«, sagte Herr Silber, und ich hätte fluchen können wie ein Ringlerpapagei. Doch Herr Silber zwinkerte mir noch einmal zu und fuhr fort: »Aber wenn Ihr Sohn aufgeweckt ist, dann versteht er es.«

»Ich bin aufgeweckt«, sagte ich sofort.

»Ich auch«, trötete Axel. »Sogar schon seit halb sieben.«

Ma lachte kurz und blätterte dann misstrauisch in dem Buch. Doch natürlich würde sie nie bestreiten, aufgeweckte Kinder zu haben.

»Es ist wirklich unbedenklich«, fügte Herr Silber an, und damit hatte er genau das Richtige gesagt.

Ma schenkte uns alle drei Bücher und verlangte, dass Axel und ich uns die *Verschollenen Schätze* teilten. Wir versprachen es hoch und heilig. Aber weil ich der Ältere war, steckte ich es ein.

Immerhin. Denn was Geld und Geschenke betraf, wurden Axel und ich immer gleich behandelt, obwohl er jünger ist. Früher habe ich mehr Taschengeld bekommen, aber als wir im April Pas Beförderung feierten, fragte ich Ma unvorsichtigerweise, ob mehr Geld jetzt doch glücklich machen würde.

»Ach, Hagen.« Sie lachte. »Es geht nicht nur ums Geld. Durch ein besseres Gehalt drückt eine Firma ja auch ihre Wertschätzung aus.«

»Aha«, brummte Axel mit verschränkten Armen und schob schmollend die Unterlippe vor. »Warum kriege ich dann weniger Taschengeld als Hagen? Schätzt ihr ihn mehr als mich?«

Das war ziemlich raffiniert von ihm. Seitdem bekommt er genauso viel wie ich.

Am ersten Abend der Ferien wurde bei uns immer gegrillt. Ma machte in der Küche die Salate, und Pa schleppte den großen Grill und die Kohle auf den gekiesten Sitzplatz hinter dem Haus. Von dem erstreckte sich bis zur Grundstücksgrenze ein kleiner Hang, der mit alten Bäumen und wuchernden Sträuchern bewachsen war. Zwei ausladende Buchen erhoben sich ganz oben, daneben drei sich umschlingende Eichen, und weiter unten ein perfekter Kletterahorn mit silbergrauer Rinde. Daneben krallte sich ein krummer Birnbaum in die Erde, dessen knubbelige Birnen immer hartholzig waren. Es gab mehrere Holunder- und Haselnusssträucher. Ganz unten thronte eine gewaltige Esche, die so groß und knorrig war, dass sie bestimmt aus der Zeit der Germanen oder der Seeräuber stammte.

Axel und ich zogen Streichhölzer, wer in der Küche und wer am Grill helfen musste. Großzügig ließ ich ihn die Hölzer halten. Wie jedes Mal schob er das kürzere weiter heraus, um mich reinzulegen. Er würde erst dann eine Chance haben, wenn er endlich begriff, dass das nicht klappte und er sich nur selbst übers Ohr haute. Lächelnd zog ich das Längere.

Also musste er in der Küche Tomaten, Gurken und Radieschen waschen. Schneiden durfte er sie nicht, weil Ma fand, dass er für scharfe Gemüsemesser noch zu klein war. Pa und ich machten uns im Garten erst einmal ein Bier auf – Pa ein Helles und ich ein Malzbier. Wir stießen an und tranken aus der Flasche.

»Auf die Ferien.«

»Auf die Ferien.«

Dann schütteten wir einen fetten Haufen Briketts in die Grillwanne und verteilten die Anzünder. Pa erzählte von früher, und ich hörte zu. Die meisten Geschichten kannte ich schon, aber das war egal, ich mochte sie. Pa auch, er lachte dabei viel, und seine Augen strahlten glücklich.

Er erzählte, wie er als Neunjähriger mit Pfeil und Bogen die Hühner des knurrigen Nachbarn gejagt hatte, ohne sie zu erwischen. Die Pfeile hatte er mit Omas Gemüsemesser angespitzt. Er erzählte, wie er die Sicherheitsplatte im Lauf der Faschingspistole durchbohrt hatte, sodass vorn eine gewaltige Stichflamme herausschlug. Wie er mit siebzehn den ganzen Sommer mit Freunden quer durch Europa getrampt war. Weil sie kein Geld für Übernachtungen besaßen, hatten sie nachts am Strand unter den Sternen geschlafen, bis sie in Italien von Polizisten mit Maschinenpistolen umstellt und geweckt worden waren. Ohne es zu wissen, hatten sie sich in eine berüchtigte Schmugglerbucht gelegt. Pa lachte bei der Erinnerung daran besonders laut.

»Kann ich den Grill anzünden?«, fragte ich, als Pa die extra langen Sicherheitszündhölzer zückte.

»Nein«, sagte Pa. »Feuer ist gefährlich.«

Er trampte nicht mehr und jagte natürlich auch keine Hühner mehr, sondern hatte Mathematik studiert und arbeitete bei einer Versicherung in der Abteilung für besondere Fälle, Unterabteilung Sport. Er versicherte Schiedsrichter gegen Krawallschäden an ihrem Auto, Skifahrer gegen Tauwetter im Training, Freeclimber gegen Steinschlag und Fußballvereine gegen den Abstieg. Pa selbst kickte nur noch mit Axel und mir im Garten, im Verein kegelte er, weil das nicht so riskant war. Und weil er inzwischen ein Bürobäuchlein hatte und nicht mehr so schnell war. Seine Haare waren noch so dunkel wie meine, aber der Bart war zu grau geworden, den hatte er sich Ostern abrasiert.

»Der Grill ist gefährlicher als durchbohrte Pistolenläufe?«, fragte ich.

»Du sollst auch keine Pistolen aufbohren.«

»Aber du hast doch selbst ...«

»Das waren andere Zeiten damals«, schnitt er mir das Wort ab, als wäre früher Feuer nur lauwarm gewesen. Dann zündete er den Grill selbst an. Unter seiner Aufsicht durfte ich die spanische Pumpe drücken, mit der wir die Glut anfachten.

Wir holten die Steaks aus der Speisekammer. Drei waren so groß wie Bärenlenden oder Lindwurmtatzen, nur das von Ma nicht, sie mochte lieber Salat. Zusammen bedeckten sie den Rost vollständig. Großzügig streute Pa seine Spezialität, die Grillgewürzmischung *Drachenbrand,* darüber. Als Flammen aus der Kohle hochschlugen, löschte er sie lässig mit Bier. Es zischte und dampfte, und mir lief das Wasser im Mund zusammen.

»Warum nimmst du kein Wasser?«, fragte ich.

»Weil Bier am besten ist«, sagte Pa und stellte die Flasche ab. »Ich muss kurz rein. Kannst du allein aufpassen?«

»Klar.«

»Bleib weg vom Grill, verstanden?«

»Ja«, versprach ich. Doch kaum war er gegangen, loderte die nächste gewaltige Flamme in die Höhe. Blitzschnell packte ich Pas Bier, spritzte es über die Steaks und rettete sie vor dem Verbrennen.

»Ist das Bier?«, fragte Ma, die plötzlich mit einem gemischten Salat in der Hand hinter mir stand.

»Ja.«

»Sag mal, bist du verrückt?«, fuhr sie mich an.

»Nein. Beim Grill ist Bier am besten, hat Pa gesagt.«

»Was ...?« Vor Schreck rutschte ihr die Keramikschüssel aus den Händen. Wie in Zeitlupe sah ich sie fallen, sie würde im Kies zu tausend Scherben zerschellen. Blitzschnell streckte ich die Linke aus, warf mich nach vorn auf die Knie und fing die Schüssel mit einer Hand auf. Sie wackelte bedrohlich hin und her, aber ich balancierte sie aus wie ein Zirkusjongleur. Mit der Rechten hielt ich noch immer Pas Bier, ohne einen Tropfen zu verschütten.

Ma sagte nicht mal danke, sondern nur: »*Was* hat Pa gesagt?«

»Was habe ich gesagt?«, fragte Pa, der in dem Moment wieder in den Garten kam.

Ma drehte sich um. »Du lässt den Jungen Bier trinken?«

Pa starrte mich an: »Du trinkst Bier?«

»Nein, ich ...«

»Die Flasche ist fast leer!«, stieß Ma aus, als Axel mit einer Riesenschüssel Kartoffelsalat auftauchte.

»Ich will auch«, verlangte er sofort. »Wenn Hagen darf, dann will ich auch.«

»Hagen darf nicht!«, riefen Ma und Pa zugleich.

»Immer bin ich zu klein!«, rief Axel trotzdem.

»Aber ich hab doch nur ...«

»Muss ich jetzt anfangen, meine Bierflasche mit aufs Klo zu nehmen?«, unterbrach mich Pa. Es klang mehr wie eine Drohung als wie eine Frage, und das war nicht fair.

Bevor ich jedoch noch etwas sagen konnte, stieß eine weitere Monsterflamme aus dem Grill in Richtung Himmel und verbrannte ein Dutzend kreisender Mücken im Flug. Ich wirbelte herum, die Salatschüssel noch immer in der Linken, und spritzte das Bier zielgenau ins Feuer, das sofort erstarb.

Endlich begriffen sie. Ma lachte und entschuldigte sich mit einem Schmatzer auf meine Stirn. »Ich hab mir nur Sorgen gemacht, ja?«

Ja, klar, dachte ich. *Wie immer.*

Das Fleisch schmeckte überhaupt nicht nach Bier, sondern großartig. Die Radieschen im Salat knackten laut, die Kartoffeln zerfielen im Mund, so wie ich es mochte. Gierig schlugen wir uns die Bäuche voll und vertrieben nach jedem dritten Bissen eine aufdringliche Wespe mit den Gabeln.

Irgendwann lächelte Pa und fragte, ob wir wüssten, was morgen in der Zeitung stehen würde. Natürlich wussten wir das nicht, keiner von uns hatte eine Zeitmaschine. Und wenn, würde ich damit nicht herumrasen, um Zeitung zu lesen, sondern um etwas zu erleben.

»Das Testament vom alten Ringler«, sagte Pa nach einer dramatischen Pause und lehnte sich lässig zurück.

»Es gibt ein Testament?«, fragte Ma.

»Ein völlig sinnloses«, antwortete Pa. »Aber er hat notariell verfügt, dass es öffentlich abgedruckt und online gestellt wird. Und dafür bezahlt wie für eine Werbeanzeige.«

»Und was steht drin?«, fragte ich.

»Haltet euch fest.« Pa machte noch eine Pause. Dann sagte er: »*Bevor meine lieben Verwandten auch nur einen halben Cent bekommen, schieße ich mein Vermögen lieber zum Mond. Und wenn's der Mann im Mond oder Neil Armstrong oder sonst wer findet, soll der es meinetwegen behalten. Gezeichnet: Xaver Jeremias Ringler.*«

Wir starrten Pa an, und er nickte. »Das ist alles, das ganze Testament. Aber es wird so groß gedruckt, dass es eine ganze Zeitungsseite einnimmt.«

»Woher weißt du das?«, fragte Ma.

»Ich hab Frau Stockwieser von der *Oberkirchburger Allgemeinen* getroffen. Sie hat's mir verschwörerisch zugeflüstert und mich dann hoch und heilig versprechen lassen, es bis morgen niemandem zu verraten. Bis die Zeitung erscheint, soll es streng geheim bleiben.«

»Heißt das, er hat doch nicht alles abgefackelt?«, fragte ich.

»Abgeblitzt«, korrigierte Axel mich, sah aber genauso gespannt zu Pa.

»Darum geht es gar nicht«, sagte Pa. »Ich glaube, er wollte seinen Verwandten einfach noch einmal öffentlich so richtig eine reinwürgen. Damit auch wirklich jeder weiß, wie wenig er von ihnen gehalten hat.«

»Oder sie steckt dahinter«, vermutete Ma und meinte mit *sie* die Freundin des alten Ringler.

»Na ja, er war für seine Verwandten wohl immer das schwarze Schaf der Familie«, sagte Pa. »Ich weiß nicht, warum, aber keiner von ihnen hat richtig mit ihm geredet, bevor er verschwunden ist. Und während er weg war, haben sie ihn ja auch totgeschwiegen. Als er zurückgekommen ist, hat ihn dann auch keiner begrüßt. Erst als sie von seinem Reichtum erfahren haben, standen sie plötzlich alle vor seiner Tür.«

Mich interessierte etwas anderes viel mehr. Ich fragte: »Das heißt doch, dass jeder das Geld behalten darf, der es findet. Oder?«

»Ich glaube nicht, dass es etwas zu finden gibt«, winkte Pa ab.

»Aber wenn doch?«

»Ach, Hagen.« Ma schüttelte den Kopf. »Du hast zu viel Fantasie. Du solltest mal was anderes lesen, nicht immer nur Abenteuer und Fantasy.«

»Aber der alte Ringler ...«

»Der *Herr* Ringler.«

»Ja. Der schreibt doch selbst, dass man es behalten darf.«

»Er schreibt vom Mann im Mond, den gibt es nicht. Und der Astronaut Neil Armstrong ist schon gestorben. Ich bin sicher, dass der Mond nur ein Symbol dafür ist, dass das Geld unerreichbar ist. Das bedeutet, das Geld ist weg.« Ma entdeckte überall Symbole und Motive. Sie hatte mir erklärt, dass es keine Monster gab, sondern dass die in Geschichten immer nur für etwas anderes standen. Sie glaubte nicht an Monster und Drachen, nicht an Magie und fliegende Teppiche. Sie wollte nur, dass diese Dinge etwas bedeuten. So ganz habe ich das nicht verstanden, ich wollte immer nur, dass die Teppiche auch wirklich flogen.

Ma erzählte weniger von früher als Pa. Sie hat Tennis gespielt und ist Dressur geritten, bis sie mit fünfzehn böse vom Pferd stürzte und sich das Bein brach. Ihr Bruder, unser Onkel Mario, fiel kurz darauf vom Baum. Seitdem sitzt er im Rollstuhl, und Ma macht sich ständig Sorgen, dass etwas schiefgeht. Onkel Mario komischerweise nicht. Solange ich auf den Trettraktor passte, fuhr er Rennen gegen mich und gewann immer. Wenn ich das Rad nahm, gewann meistens ich. Ma wusste das nicht, sie sah uns nur, wenn wir in seiner Einfahrt Basketball spielten. Dann sagte sie jedes Mal: »Passt auf.«

Jetzt fragte ich sie: »Aber warum sollte der Herr Ringler dann schreiben, dass der Finder alles behalten darf?«

»Weil er die Leute gern an der Nase herumgeführt hat«, sagte Pa. »Er war ein alter Kauz, ein Spaßvogel, ein …«

»Drecksack!«, krächzte es aus der Esche, unter der unser Tisch stand. »Drecksack!«

»Gsch!«, zischte Ma. Mit diesem *Gsch* verscheuchte sie sonst die Nachbarskatzen, wenn die in ihre Beete machen wollten. Aber es war keine Katze, die auf dem Baum über uns saß, sondern einer der freien Ringlerpapageien.

Streitlustig stellte er den zerzausten hellgrünen Federkamm auf und wiederholte: »Drecksack!«

»Gsch!«

»Drecksack!«

Axel kicherte.

»Gsch!«

»Drecksack!«

»Gsch!«

»Drecksack!«

Pa hob eine Haselnuss vom Boden auf, warf sie in die Baumkrone und knurrte: »Selber Drecksack!«

»Nein«, rief Axel, aber Pa warf mit Absicht vorbei, so wie immer.

»Schorsch!«, rief Ma, weil Pa vor uns keine Ausdrücke verwenden sollte.

Hoheitsvoll wandte der Papagei sich Pa zu und krächzte: »Gsch!«

Fassungslos starrte Pa hinauf.

»Gsch!«, wiederholte der Papagei und schüttelte sich. Er streckte die Flügel aus, krächzte ein letztes lautes »Drecksack!« und flog davon.

Axel kicherte wie bekloppt.

War das Zufall gewesen, oder hatte der Papagei tatsächlich seinen ehemaligen Besitzer beschimpft?

3. Kapitel

Das rätselhafte Testament

Am Wochenende und in den Ferien durfte Axel immer bei mir im Zimmer schlafen. Dafür stellten wir das Klappbett auf, das an Schultagen unter meinem Bett lagerte. Es passte gerade so neben den massiven Schrank, der als nächtlicher Hafen für meine Raum- und Piratenschiffe diente. Dazwischen tummelten sich Drachen, leuchtende Freibeuterskelette, Greife, Ritter, Zirkustiere und alle möglichen Abenteurer. Die Tür ließ ich immer einen Spalt offen, falls ich mal schnell ran musste.

Unsere neuen Bücher lagen auf dem Nachttisch am Kopfende der Betten, in der Mitte die *Verschollenen Schätze.* Wir lasen nicht, wir redeten, und nachdem Ma das Licht gelöscht hatte, flüsterten wir.

»Das Testament ist ein Aufruf zur Schatzsuche«, beharrte ich.

»Aber Pa sagt, er wollte seinen Verwandten nur eins reinwürgen.«

»Klar wollte er das, und das so richtig. Sie sollen nicht nur nichts bekommen, sondern ein anderer alles. Sonst hätte ja auch ein fettes ***Ätsch, ihr Würstchen!*** in der Zeitung gereicht.«

»Aber Ma sagt, der Mond ist nur ein Symbol und ...«

»Nicht alles ist ein Symbol. Manchmal ist eine Geschichte auch einfach wahr.«

»Dann ist das Geld wirklich auf dem Mond?«, fragte Axel ungläubig.

»Natürlich nicht. Der Mond ist nur ein Symbol für das Versteck.«

»Ja was denn jetzt?« Axel sprang im Bett auf und starrte mich an. »Gibt es jetzt einen Schatz oder nicht?«

»Pst«, zischte ich.

Er zuckte zusammen und hielt lauschend die Luft an. Unten lief der Fernseher, sonst war nichts zu hören. Nach ein paar Sekunden flüsterte er: »Was ist überhaupt ein Symbol?«

»Wenn etwas nicht wirklich so ist, sondern nur so tut.« Ma hatte es komplizierter erklärt, aber für den Kleinen musste das reichen.

»Ma meint, dass es den Mond gar nicht gibt?«, fragte Axel verwirrt.

»Doch, natürlich gibt es den Mond!« Ich richtete mich auf. »Schau doch raus.«

»Ich weiß! Ich hab doch nicht angefangen mit den ganzen Symbolen!«

»Söhne!«, rief Pa von unten mit seiner Gefängnisdirektorenstimme.

Augenblicklich verstummten wir und sanken auf die Matratzen. Die dünnen Decken lagen nur über unseren Füßen, es war noch immer heiß. Wir lauschten, ob Pa die Treppe hochkam, aber das tat er normalerweise erst nach dem zweiten Rufen.

Ich starrte ins Dunkel und dachte an das Geld des alten Ringler. Niemand wusste, woher sein Reichtum kam. Er hat es nie verraten. Manche munkelten, er hatte einen Schatz gefunden, andere, er habe ihn geraubt. Manche glaubten, er hatte alles im Spiel gewonnen, andere vermuteten, er sei Spion gewesen oder hätte eine wertvolle Erfindung gemacht oder erfolgreich Gold geschürft.

Pa kam nicht hoch, und ich flüsterte: »Willst du den Schatz jetzt finden oder nicht?«

»Klar will ich«, versicherte Axel wie ein wahrer Wandelnder Geist. »Aber wir haben keine Rakete.«

»Die hatte der alte Ringler auch nicht. Sein Schatz ist auf der Erde.«

»Und wo?«

Genau das war die Frage. »Ich weiß es nicht. Aber der Mond im Testament muss ein Hinweis sein.«

»Vielleicht gibt es eine geheime Kammer, die nur mit einem Passwort zu öffnen ist«, raunte Axel aufgeregt. »Und das Passwort lautet M-O-N-D.«

»Möglich«, sagte ich. »Aber zu einfach. Eher: 13-15-14-4. Für die Stellen der Buchstaben im Alphabet.«

Leider kannten wir jedoch keine geheime Kammer mit einem Zahlenschloss. Angestrengt überlegten wir, ob wir irgendwo an der Villa einen Mond gesehen hatten, aufgemalt, geschnitzt oder in den Boden gekratzt. Wir konnten uns nicht erinnern, und Robbie konnten wir jetzt – mitten in der Nacht – schlecht fragen.

Es gab im ganzen Dorf niemanden, der Mond hieß, auch keine Mondstraße oder Mondgasse. Uns fielen keine Mondbilder an Hauswänden ein, und es gab auch keine Monduhren, so wie es Sonnenuhren gab. Nur auf einem Bild in der katholischen Kirche hing ein heller Mond über grimmigen römischen Legionären, aber den konnte der alte Ringler nicht gemeint haben. Niemand hatte einen versteckten Safe in einer Kirchenmauer, höchstens der Papst. Aber der nicht in Falkenhofen.

»Heute ist Vollmond!« Axel hüpfte wieder aus dem Bett und zum Fenster und zog den Vorhang zurück. Das weiße Licht fiel auf sein strahlendes Gesicht.

»Erst morgen«, sagte ich und zeigte ihm, dass links auf der Rundung noch ein schmaler Schatten lag.

»Morgen erscheint die Anzeige!«, stieß er hervor. »Das ist doch kein Zufall!«

»Pst. Die Eltern.«

Wir lauschten, aber sie hatten uns nicht gehört.

»Vielleicht gibt es Geheimschriften, die man nur im Mondlicht sieht«, vermutete Axel.

»Ja, vielleicht«, sagte ich. »Auf jeden Fall sind wir fast die Einzigen, die schon heute Bescheid wissen. Das müssen wir ausnutzen. Ab morgen suchen alle nach dem Schatz.«

»Du meinst ...?«

»Ja. Wir schleichen uns jetzt zur Villa.« Ich sprang auch aus dem Bett. »Jetzt sofort.«

»Cool.« Axel ballte die Faust und wetzte im Schlafanzug zur Tür.

»Halt!« Ich erwischte ihn gerade noch an der Schulter und hielt ihn fest. »Nicht da lang.«

»Was?«

»Hilf mal.«

Rasch zog ich die Laken ab, und wir knoteten sie aneinander. Daran banden wir die Bettbezüge fest, damit unser Fluchtseil lang genug war. Das hinterste Ende befestigte ich mit einem dreifachen Seemannsknoten am Schrank. Den Schrank hatte Pa aus Sicherheitsgründen an die Wand geschraubt, und das war jetzt echt nützlich. Ich öffnete das Fester.

»Warum nehmen wir nicht die Tür?«, fragte Axel.

»Weil wir die Wandelnden Geister sind.«

»Aber sonst nehmen wir immer die Tür.«

Ja, aber sonst schlichen wir uns auch nicht heimlich nachts raus. Ich wusste nicht, ob die Eltern schon im Bett waren oder noch fernsahen, ob sie aufwachten, wenn die Treppe knarzte – und das tat sie, vor allem die dritte, siebte und dreizehnte Stufe. Ich wollte nicht, dass Pa uns überraschte, wenn er nachts noch mal an den Kühlschrank ging, oder Ma, wenn sie aufs Klo musste. Ich sagte: »Durchs Haus ist es zu riskant.«

»Okay«, sagte Axel nur, weil er mir vertraute. Schnell schlüpften wir in kurze Hosen und T-Shirts. Axel bemerkte: »Die Schuhe sind aber unten.«

Selbst meine brillanten Pläne hatten manchmal kleine Schwachpunkte. Weil ich das nicht zugeben wollte, zuckte ich nur mit den Schultern. »Tarzan braucht auch keine, oder?«

Grinsend schüttelte er den Kopf.

»Dann los, Tarzan.« Ich drückte ihm die geknotete Liane in die Hand. »Oder hast du Angst?«

»Pfff«, machte er und warf das Ende der Liane raus. Affenschnell kletterte er hinunter. Der Schrank hielt. Lautlos folgte ich Axel.

Unten angekommen, schmierte ich ihm zur Tarnung einen Brei aus Gartenerde und Spucke unter die Augen, dann mir selbst. Wir waren Indianersamurai auf dem Goldpfad und Großschatzjäger auf der Spur des geheimen Mondes. Gebückt schlichen wir an der rauen Hauswand entlang Richtung Vorderseite und Einfahrt. Geschmeidig duckten wir uns unter jedem Fenster, um nicht gesehen zu werden, obwohl innen kein Licht brannte. Von der Straße drang kein Geräusch durch die dschungeldichte Hecke, und wir traten nur mit den Zehenspitzen auf: Ma und Pa schliefen immer bei offenem Fenster.

Als wir um die letzte Hausecke bogen, stellen wir fest, dass Pa weder schlief noch den Kühlschrank plünderte. Er stand vor der Haustür und rauchte. Das tat er sonst nicht. Überrascht starrten wir ihn an und er uns. Die Straßenlampe flackerte. Grillen zirpten, ein Käuzchen schrie. Mehrere laute Herzschläge lang gab keiner ein Wort von sich, dann sagte Axel etwas, das Tarzan nie gesagt hatte. Er sagte: »Ups.«

In dem Moment fand Pa die Sprache wieder und fuhr uns an: »Was macht ihr hier?«

»Nichts«, sagte ich sofort. »Und du?«

»Nichts.«

»Du rauchst«, stellte Axel richtig.

»Nein.«

»Doch.« Er deutete auf die glimmende Zigarette.

»Wechsel nicht das Thema! Warum seid ihr nicht im Bett?«

Wir schwiegen.

»Wo kommt ihr jetzt her?«, fragte Pa. Er sprach ganz leise und machte zwischen jedem Wort eine Pause. Das war ein ganz schlechtes Zeichen. Glut tropfte von seiner Zigarette.

»Aus unserem Zimmer«, sagte Axel und deutete über die Schulter zurück. Das Fenster mit dem herausbaumelnden Laken war von hier aus glücklicherweise nicht zu sehen. »Ich hab nämlich keine Angst.«

»Keine Angst ...?«, wiederholte Pa und sah mich an. »Wozu hast du ihn wieder angestiftet?«

»Zu nichts!«, protestierte Axel. »Ich bin ganz allein ...«

»Er hat seinen Teddy verloren«, fiel ich ihm mit einer List ins Wort, bevor Axel noch auf die Idee kommen würde, die Wahrheit zu sagen. Wandelnde Geister knickten beim Verhör nicht so einfach ein, nicht gegenüber der Mafia, nicht am Marterpfahl, und ganz bestimmt auch nicht hier.

Vor allem nicht hier.

Pa würde von unserer Fluchtliane nichts halten, gar nichts, obwohl er den Schrank selbst gesichert hatte. Doch ohne Begleitung durften wir nicht mal an die Kletterwand im *Abenteuerparadies*, und die war TÜV-geprüft. Dort war man mit Seilen, Helm und einem Matratzenboden gesichert, hier waren wir barfuß. Wenn Pa die Liane fand, gäbe es Hausarrest, und dann könnten wir die Schatzsuche vergessen.

»Erst vorhin ist uns eingefallen, wo der arme Teddy sein könnte«, sprudelte die Kriegslist weiter aus mir heraus. »Da wollten wir ihn besser gleich holen, bevor er noch gestohlen wird. Aber er war doch nicht da.« Zum Beweis zeigte ich ihm meine leeren Hände, obwohl leere Hände natürlich gar nichts bewiesen.

Pa nickte trotzdem.

Axel schniefte geistesgegenwärtig.

»Das nächste Mal sagt ihr Bescheid und geht nachts nicht allein raus. Dann komme ich mit.« Pa wuschelte Axel durchs Haar. »Und jetzt rein mit euch. Aber leise! Mama schläft schon.«

Wir nickten.

»Wascht euch das Gesicht, bevor ihr ins Bett geht.«

Wieder nickten wir.

»Und lasst euch bloß nicht noch einmal draußen erwischen.«

Nickend traten wir den Rückzug an.

»Wusstest du, dass Pa raucht?«, fragte Axel, als wir wieder oben waren.

»Ma ist dagegen, aber manchmal kann man es riechen.«

»Ich dachte immer, das ist der Rauch der anderen.«

»Das sollen wir auch denken«, vermutete ich und zog hastig die Bettlaken rein. Dann warf ich sie ihm zu. »Knote die auseinander.«

»Warum machst du das nicht?«

»Ich hab Wichtigeres zu tun.« Ich griff mir Axels alten Teddy, der ein Auge verloren hatte, als er uns beim Kicken im Zimmer als Ball ausgeholfen hatte.

»Tut mir echt leid«, sagte ich und schleuderte ihn mit aller Kraft weit hinaus in die Nacht.

»Hey!«, schrie Axel.

»Pst«, zischte ich. »Ma darf uns nicht hören.«

»Aber warum …?«

»Eine List muss glaubwürdig sein. Und wenn wir sagen, dein Teddy ist weg, dann muss er das auch sein.«

Schniefend rannte Axel aus dem Zimmer und zerrte Pa in den Garten, damit der ihm suchen half. Ich knotete die Laken wieder auseinander und bezog unsere Betten. Nach fünf Minuten kehrte Axel zurück, den Teddy fest an sich gepresst.

Pa lächelte, weil er seinen Sohn wieder glücklich gemacht hatte. Dank des Beweisstücks Teddy hatte er meine brillante List nun endgültig geschluckt.

Als Axel schon längst schlief, suchte ich noch mit der Taschenlampe unter der Decke in den *Verschollenen Schätzen* nach einem Mond. Er schien am Himmel über Mykene, der Karibik, Golkonda, Deadwood und Madagaskar, doch nie fand ich ihn unten auf der Erde.

Saphira Goldberger schrieb von der Beharrlichkeit des Heinrich Schliemann, der Troja und die Goldmaske auf dem Titelbild gefunden hatte: *Nie aufzugeben, ist die bedeutendste Eigenschaft eines Schatzjägers. Glück gehört ebenso dazu wie ausreichend Fantasie, um eben mehr zu sehen als alle anderen. Doch entscheidend ist und bleibt die Beharrlichkeit, mit der man sein Ziel verfolgt, notfalls jahrzehntelang.*

Die Buchstaben verschwammen vor meinen Augen, aber ich gab nicht auf. Weiter und weiter blätterte ich und sah mir die Bilder von überwucherten Ruinen, Schiffwracks, rostigen Truhen, Goldbergen, Geschmeiden, Riffen und Wüsten an. Es gab einfach keine bessere Art, reich zu werden, als einen Schatz zu finden. Ein Schatz war immer auch ein Abenteuer. Und wir würden unseren finden. Ich würde Ma und Frau Brecheisen und allen anderen beweisen, dass er keine Einbildung war, dass ich eben nicht nur zu viel Fantasie hatte, sondern dass es Schätze wirklich gab.

Irgendwann sackte mir der Kopf aufs Buch, und ich schlief auf einer Doppelseite mit der Schatzkarte des Piraten Olivier Le Vasseur ein. Sein Gold wurde nie gefunden, und ich schlief schlecht und träumte von gähnend leeren Truhen.

4. Kapitel

Höllische Hetzjagd der gnadenlosen Schwachköpfe

Am Morgen sprangen wir aus dem Bett und steckten sofort unsere Phantom-Ringe an. Axel schlüpfte in seine knielange Hose mit den tausend Taschen.

Meine Hose hatte nur fünf Taschen, doch solange Axel Kompass, Taschenlampe, Feuerzeug, Angelschnur, Ersatzbatterien, Kaugummi und alles andere einsteckte, brauchte ich nicht mehr.

Wir stürmten nach unten, die Zeitung war schon da. Das Testament stand tatsächlich auf der zweiten Seite des Lokalteils. Jetzt wussten also alle anderen auch Bescheid. Hastig schlangen wir unser Frühstück runter. Kaum hatte ich den letzten Bissen unten, sagte ich: »Ich geh mit Axel zu Robbie.«

Ma sah uns an. »Vergesst eure Helme nicht.«

»Wir gehen zu Fuß!«, protestierte ich. Robbie wohnte nur fünf Häuser weiter, und in meinem Vorderreifen war gerade keine Luft.

»Trotzdem«, beharrte Ma. »Sicher ist sicher.«

»Aber …«, fing ich an.

»Kein aber!«, unterbrach sie mich. »Wer weiß, ob ihr euch Räder leiht. Und seid pünktlich zum Abendessen zurück.«

»Ja.«

»Habt ihr Zähne geputzt?«

»Ja.«

»Wissen Roberts Eltern, dass ihr kommt?«

»Ja«, sagte ich, obwohl es nicht mal Robbie wusste. Wenn Ma noch weiter Fragen stellen würde, wären wir zum Abendessen noch immer hier.

»Hast du dein Handy dabei?«

Ich seufzte und holte es aus meinem Zimmer, während Ma einen Anruf entgegennahm und sagte: »O ja, haben wir schon gesehen. Ist auch online.«

Das Handy habe ich zum zehnten Geburtstag bekommen, leider ohne Vertrag und ohne Guthaben auf der Karte. Das Internet war gesperrt.

»Was soll ich dann damit?«, wollte ich wissen.

»Einstecken und mitnehmen.« Ma strahlte mich an. »Es geht darum, dass wir dich immer erreichen können. Zu deiner Sicherheit.«

»Und dich orten«, ergänzte Pa. »Falls du entführt wirst oder so.«

»Aber mach dir deswegen keine Sorgen, Schatz.« Ma ergriff meine Hände und sah Pa böse an. »Niemand wird dich entführen.«

»Richtig«, sagte Pa. »Statistisch gesehen ist ein Unfall viel wahrscheinlicher als eine Entführung.«

Mir machte beides keine Sorgen, nur dass ich jetzt ein Handy besaß, mit dem ich nichts anfangen konnte.

»Und ich?«, fragte Axel. »Ich will auch ein Schutzhandy gegen Entführungen!«

»Bleib einfach immer in der Nähe deines großen Bruders, okay?«

»Was ist bei einem Notfall?«, fragte ich schnell, um doch noch wenigstens die Erlaubnis zum Selbsttelefonieren rauszuschlagen. »Wenn ich mir zum Beispiel den Fuß breche, muss ich dann im Straßengraben warten, bis ihr mich zufällig anruft?«

Das Bild von mir, schmerzhaft verletzt im kalten Straßengraben, gab ihnen tatsächlich zu denken, leider in die falsche Richtung: Sie überlegten, ob sie mir das Radfahren ohne Begleitung ganz verbieten sollten.

Weil es aber mein Geburtstag war, luden sie mir am Ende doch zwei Euro Notfall-Guthaben auf die Karte und speicherten fünf Nummern ein: unser Festnetz, Mas Handy, Pas Handy und die Notrufe 110 und 112.

»Wirklich nur für Notfälle«, schärfte mir Pa ein.

Weil wir uns zu Fuß mit Helmen total lächerlich gemacht hätten, nahmen wir doch die Räder. Ich fragte Axel brüderlich, ob er meinen Reifen aufpumpen wollte.

»Warum sollte ich?«, erwiderte er.

»Weil es ein super Training ist«, sagte ich und nahm ganz langsam die Pumpe in die Hand. »Aber wenn du schon fit genug bist ...«

»Gib her!« Er riss sie an sich und legte los. Er pumpte abwechselnd mit rechts und links, um alle Muskeln zu trainieren. Mit voller Kraft stieß er Luft in den Schlauch, bis der fast platzte.

Ich fuhr inzwischen auf seinem Rad in der Einfahrt pfeifend im Kreis und ließ es immer wieder steigen.

Dann holten wir Robbie ab. Er wohnte in einem schmalen, schmutzweißen Haus mit winzigem Garten.

Sein Zimmer lag nach hinten raus im ersten Stock. Wir warfen Steinchen gegen das Fenster, statt zu klingeln. Robbies Vater schlief samstags immer bis mittags, und ihn wollten wir auf keinen Fall wecken.

Robbie ließ uns durch die Terrassentür in die rot gestrichene Küche. Auf den Fenstersimsen standen kleine Kakteen, und am hohen silbergrauen Kühlschrank hingen abgegriffene Postkarten aus den Glücksspielstädten Las Vegas und Baden-Baden, daneben ein geknicktes Pik-Ass. Robbie zischte: »Seid leise.«

Vorsichtig schloss er die Tür zum Flur, und wir erzählten flüsternd vom Testament in der Zeitung und drängten: »Wir müssen los, bevor es zu viele andere lesen.«

Sofort kritzelte er eine Nachricht für seine Eltern auf einen Zettel und klemmte ihn unter die leeren Weinflaschen auf dem Tisch.

»Wie geht's Oskar?«, fragte ich.

»Nicht viel besser. 39 Komma 4 Grad.«

Das klang nicht so, als sollten wir ihn aus dem Bett holen und mitnehmen. Wir würden den Schatz ohne seine Hilfe finden müssen. Entschlossen presste Axel die Lippen aufeinander.

Robbie legte drei Kopfschmerztabletten neben den Zettel für seine Eltern und schnappte sich zwei belegte Semmeln. Ohne Socken schlüpfte er in seine schnellsten Schuhe und raste mit uns los. Er radelte freihändig und biss abwechselnd rechts und links ab, um immer im Gleichgewicht zu bleiben.

Wir strampelten, so schnell wir konnten.

Trotzdem waren wir nicht die Ersten bei der Ruine des alten Ringler. Der gestriegelte Aufschneider Lionel Hartmann stand auf einem kleinen Aushubhügel mitten auf dem Grundstück und scheuchte vier Jungs aus seiner Gang hin und her. Er trug Baggypants in Tarnfarben, teure Turnschuhe mit Leuchtdioden und ein kurzärmliges weißes Trikot mit seinem Namen und der Nummer 10. Um seinen Oberarm spannte sich eine Kapitänsbinde.

Die Gang hatte keinen richtigen Namen, sie hieß einfach Lionels Gang, das gefiel Lionel am besten.

Als er zum ersten Mal unsere selbstgemachten Phantomringe gesehen hat, hat er mitleidig gelacht. Dann hat er jedem seiner Jungs einen Edelstahl-Runenring aus *Der Hobbit* gekauft und sich selbst den vergoldeten *einen Ring*. Den Ring der Macht. Eigentlich machte der unsichtbar, aber Lionel trug ihn, damit er gesehen wurde. Die ganzen Ringe hatte er nur besorgt, um uns zu ärgern. Immer musste er jeden übertrumpfen.

»Hier ist eine Kerbe im Stamm, die sieht aus wie ein Mond!«, rief Lionels bester Freund und Ersatzkapitän Martin Thiel und salutierte lässig. Er trug ein hellblaues Poloshirt mit über dem Herzen eingestickter Yacht und hochgestelltem Kragen. Lionels gesamte Gang sprang zu ihm, und wir fluchten: Sie waren auf derselben Spur wie wir.

Und sie waren nicht die Einzigen. Es sah so aus, als hätte Frau Stockwieser von der *Oberkirchburger Allgemeinen* nicht nur mit Pa vertraulich gesprochen, sondern mit dem halben Dorf. Und das hatte es sofort der anderen Hälfte weitererzählt.

Die siamesischen Freundinnen Nina Huber und Milena Novotny stiegen Hand in Hand über den hinteren Zaun aufs Grundstück. Milena ließ einen gefalteten Eisvogel fliegen, und Nina pfiff durch ihre Zahnlücke. Mit dem Pfiff hatte sie früher dünnes Glas knacken lassen können und Risse in klares Pfützeneis sprengen. Seit sie eine Zahnspange trug, konnte sie nur noch Melodien pfeifen wie alle. Vielleicht ein bisschen lauter und höher und schöner, doch das war auch schon alles. Nina hatte die Spange nicht gewollt, aber ihre Eltern waren überzeugt, dass perfekte Zähne im Leben wichtiger waren als die Fähigkeit, Eis zu zerpfeifen.

Vorn kam Peter Baumgartner mit einem quietschenden Leiterwagen angerückt, auf dem eine Spitzhacke, zwei Schaufeln, ein Spaten, ein Torfstecher und ein Kasten Tomatensaft gestapelt waren.

Hinter der Piratenkanone umkreiste Robbies hübsche Cousine Eleanor kopfschüttelnd eines der Löcher im Boden. Ihre Wangen waren märchenapfelrot, in den blonden Locken thronte eine große rosa Schleife. Sie schnippte mit den Fingern nach einem dicken Jungen mit Schaufel. »He, du da, mach das da mal tiefer.«

Du-da schüttelte den Kopf.

Eleanor hob die Augenbrauen, legte den Kopf schief und raunte ihm etwas zu, das ich nicht verstand.

Du-da grub.

Drei Jungs aus der Sechsten hatten Sternenscheiben unter den Arm geklemmt und vermaßen das Grundstück mit großen Schritten. Ein kleines Mädchen mit einem Sandkastenrechen irrte zwischen den Löchern umher und rief nach einem Hund oder einem älteren Geschwister. Viele hatten leere Plastiktüten, Kartoffelsäcke oder Taschen dabei, um den Schatz nach Hause zu schleppen. Alle hatten das Testament gesehen und suchten nach dem einen richtigen Mond, der sie reich machen würde.

Eilig ketteten wir unsere Fahrräder und Helme an einen Laternenpfahl und machten uns ebenfalls auf die Mondsuche. Und nach uns kamen noch mehr.

Überall wurde geschrien, geschnattert, geflucht und geschubst, jeder wollte bei jedem Mond der Erste sein. Es war wie der große Goldrausch von Alaska, nur ohne Eis, Schnee und Saloons. Peter Baumgartner und Murat Fischer gerieten über einen halbmondförmigen Stein in Streit und duellierten sich erst mit Wasserpistolen, dann mit Spitzhacken. Murat gewann beide Male locker.

Ein Sternenkarten-Sechstklässler fand einen Mond im Schatten der Kanone, und Lionel kaufte ihm sofort die Karte ab, um es damit selbst zu probieren. Er zahlte hundert Euro, obwohl das ausgeblichene Preisschild 14,99 EUR zeigte.

Du-da saß erschöpft an der Ruine, und Eleanor schnippte nach Robbie. »Hilf mir mal.«

Robbie schüttelte den Kopf.

»Ich sag Mama, dass du nicht mit mir spielst.«

Robbie blieb hart. »Das ist kein Spiel, Elli.«

»Du sollst mich nicht Elli nennen! Ich bin Eleanor!« Sie schnippte nach Murat. »He, du da, duellier dich für mich mit dem da. Der hat mich beleidigt.«

Murat zögerte. Du-da sprang mit rotem Kopf auf und stürmte geifernd auf Robbie zu. Robbie hob drohend die Faust mit dem Ring. Das reichte meist, um jemanden einzuschüchtern. Er konnte grimmiger gucken als ein tollwütiger T-Rex und legte sich auch mit Größeren an, wenn die einen Jüngeren in die Mangel nahmen. Wenn sich Stärkere an Schwächeren vergriffen, sah er rot. Einmal hat er sogar einen Kampfhund am Schwanz gepackt und hochgehoben, als der sich auf ein Dackelwelpen stürzen wollte. Hilflos baumelte der kläffende Bullterrier in Robbies Händen, bis sein Herrchen ihm eine Leine angelegt hatte. Robbie war niemand, mit dem man Ärger wollte.

Aber Du-da wusste das wohl nicht. Er war allein, einen halben Kopf kleiner und halben Bauch breiter als Robbie und stürmte trotzdem weiter.

Robbie seufzte: »Ich kämpfe nicht gegen Kleinere.« Lässig wie ein Stierkämpfer tänzelte er zur Seite.

Überrumpelt taumelte Du-da an ihm vorbei, kam ins Stolpern und knallte wieder zu Boden. Keuchend blieb er liegen.

Eleanor starrte wütend zu uns rüber, sagte aber nichts mehr.

Der Himmel leuchtete blau, und die Sonne erhob sich brennend über die Nachbardächer. Peter Baumgartner saß mit roten Augen und einer langen Schramme im Gesicht auf dem Leiterwagen und machte ein Vermögen mit dem Verkauf seines Tomatensafts.

Murat bot seine Dienste als Miet-Duellant für 10,- pro Kampf an. Eleanor hielt den Kopf wieder hoch, lächelte und beachtete ihn nicht.

Ganz oben auf der Ruine saß ein rot-blau-grün gefiederter Ringlerpapagei und krächzte: »Schwachköpfe! Alles Schwachköpfe!«

»Halt die Fresse!«, schrie Lionel und warf einen Stein nach ihm. Es war klar, dass er treffen wollte. Er tat es aber nicht.

»Schwachköpfe! Alles Schwachköpfe!«

»Fresse, hab ich gesagt!«

»Ja, Fresse, hat er gesagt!«, wiederholte der riesige fingerknackende Henry mit den immer kleingekniffenen Augen.

Jetzt befahl Lionel seinen Jungs, nach dem Papagei zu werfen. Auch von ihnen traf keiner. Nicht Martin und nicht mal der fingerknackende Henry, der so fest warf, dass sein Stein weit draußen auf den Feldern landete.

Der Papagei sah spöttisch herunter und öffnete gelangweilt den Schnabel, als würde er gähnen.

»Na, also.« Lionel reckte die Brust raus, als hätte er ihn höchstselbst zum Verstummen gebracht. Dann bellte er: »Weitersuchen, Männer!«

Und sie suchten.

Und die anderen suchten.

Und wir suchten.

Und der Papagei krächzte: »Schwachköpfe! Alles Schwachköpfe!«

Eine halbe Stunde lang ging das so, und jeder fand irgendwo einen Mond: Hier einen Riss im Mauerwerk, dort eine Kerbe in einem Baum, ein Astloch in einem Zaunpfahl, eine Verdunklung im Asphalt der Einfahrt.

Nina Huber entdeckte ihn sogar im Gefieder des Papageis, aber ihre Freundin Milena fragte: »Wie soll der Schatz denn in den Papagei gekommen sein?«

»Vielleicht hat er ihn gefressen?«

»Nein, der Schatz ist zu groß.«

»Vielleicht ist der Schatz in einem Schließfach, und der Vogel hat nur den Schlüssel gefressen?«

»Schwachköpfe!«, krächzte der Papagei besonders laut und schlug mit den Flügeln. »Alles Schwachköpfe!«

»Irgendwie ist er süß«, sagte Nina, die später Tierärztin werden wollte. »Ich mag ihn nicht aufschneiden müssen.«

»Aber der Schatz ist riesig.«

Nina seufzte und pfiff eine kurze Melodie, um den Papagei herunterzulocken. Sie klang lockend wie der Rattenfänger von Hameln oder ein Schlangenbeschwörer.

Ich sagte lässig: »Euch ist aber schon klar, dass der alte Ringler den Schatz vor über zwei Monaten versteckt hat? Der Schlüssel ist längst verdaut und wieder draußen.«

Die beiden Freundinnen sahen mich an, dann sich, dann begannen sie überall nach herumliegendem Vogeldreck zu suchen. Mit meinem messerscharfen Verstand hatte ich uns zwei Konkurrentinnen vom Leib geschafft und einem unschuldigen Vogel das Leben gerettet.

Plötzlich fragte ich mich, warum der Alte den Schatz überhaupt auf seinem Grundstück hätte verstecken sollen. Jeder würde dort zuerst suchen.

»Schwachköpfe!«, krächzte der Papagei. »Alles Schwachköpfe!«

Jawohl, das waren wir! Wir alle, die wir hier ziellos suchten wie die Verrückten. Dabei war es doch so einfach! Warum war ich nicht früher drauf gekommen? Lächelnd sah ich mich einmal um, dann hatte ich einen brillanten Plan. Zu Axel und Robbie sagte ich nur: »Ich weiß jetzt, wo wir suchen müssen.«

Robbie flüsterte: »Sicher?«

Aufgeregt rief Axel: »Du weißt, wo der Mond ist?«

Einige in unserer Nähe drehten sich zu uns um. Nina und Milena nicht, die waren mit der Vogelkotsuche beschäftigt.

Ich tat furchtbar erschrocken und zischte: »Geht's vielleicht noch lauter?«

»Zu Befehl, Boss«, sagte Axel, holte tief Luft und brüllte: »Du weißt echt, wo der Mond ...?«

Blitzschnell klatschte Robbie ihm die Hand auf den Mund, aber zu spät. Inzwischen sahen alle zu uns her, wirklich alle, und das waren bestimmt drei Dutzend schatzgierige Sucher. Genau das hatte ich gewollt.

»Lauft«, zischte ich und rannte los. Wir wetzten durch die offene Gartentür und die Straße hinab. Es blieb keine Zeit, die Räder loszuketten. Hinter uns brüllte Lionel wie ein General: »Hinterher!«

Alle befolgten den Befehl, nicht nur seine Gang. Die Erde bebte, als wäre uns eine Herde wildgewordener Bisons auf den Fersen. Trampelnde Schritte grollten wie Donner durchs Dorf. Aufgeschreckte Vögel stoben aus den Bäumen. Wir flohen in die nächste Seitenstraße und weiter.

»Und jetzt?«, keuchte Robbie.

»Läuft alles nach Plan«, keuchte ich.

»Super«, rief Axel mit leuchtenden Augen.

»Ihr seid meine Rückendeckung. Lauft im Zickzack zur Kirche. Sie sollen glauben, dass es um das

Mondbild dort geht. Je mehr Zeit ihr rausschinden könnt, desto besser.«

»Und was machst du?«

»Ich muss was prüfen. Wir treffen uns später bei der Kotzerbrücke.«

»Okay.« Axel konnte mit seinen kurzen Beinen kaum noch Schritt halten.

»Und los!«

Robbie raste johlend davon. Unter seinen Sohlen wirbelte Staub auf wie unter den Hufen eines wild galoppierenden Wüstenreiters.

Auch ich sprintete los. Am Ende der Straße, gleich hinter der nächsten Kurve, bog ich schlitternd in den kleinen Pfad hinter der Metzgerei Gerber und hechtete in ein dichtes Gebüsch.

Axel stürmte Robbie hinterher, und ihm auf den Fersen war die ganze Meute. Sie jagten an meinem Versteck vorbei, fluchend und hechelnd. Lionel rief: »Feiglinge!«

Ich grinste und kroch hinter seinem Rücken vorsichtig aus meinem Versteck. So leicht würde er mich nicht provozieren.

Bei Axel sah das anders aus. Der schrie in der Ferne: »Wie nennst du mich, Lahmarsch?«

»Feigling!«

An Lionels Lachen erkannte ich, dass Axel tatsächlich stehen geblieben war.

Renn weiter!, dachte ich.

»Sag das noch mal!«, rief Axel.

»Windelpupser!«

Axel rannte nicht.

Lauf!, beschwor ich ihn noch mal in Gedanken, aber es half nichts. Axel blieb und wurde umkreist. Gleich würde er ihnen vom Mondbild in der Kirche erzählen. Viel zu früh! In meinem Plan hatte ich mehr Zeit gehabt, aber Pläne waren eben nur so brillant wie ihre Ausführer. Ich musste meine Aufgabe erfüllen, bevor sie alle bei der Kirche waren und wieder zurück. Ich rannte los.

5. Kapitel

Im Labyrinth der scharrenden Schattenratten

Die Ruine des alten Ringler war verlassen, als ich zurückkehrte. Oder jedenfalls beinahe verlassen. Von oben krächzte der Papagei: »Schwachköpfe! Alles Schwachköpfe!«

Zwischen den verstreut herumliegenden Schaufeln, geknickten Sternenkarten, leeren Säcken und dreckbeklebten Spitzhacken schlenderte Robbies Cousine scheinbar ziellos umher.

Von Robbie wusste ich, dass Eleanor stinkfaul war. Eine listige Prinzessin, die den Erwachsenen vorspielte, aus Porzellan zu sein. So ließ sie Eltern und Großeltern, Tanten und Onkel und Mädchen und Jungs wie Du-da für sich springen. Nur Robbie sprang nicht, und darum wurde er auf Familienfeiern ständig gezwungen, mit ihr zu spielen. Von seiner und von ihrer Mutter.

Ich dachte also, dass sie einfach zu faul gewesen war, uns nachzurennen, aber das stimmte nicht.

»Hi, Hagen.« Sie lächelte ihr Porzellanprinzessinnenlächeln. »Ich dachte, du wärst schneller zurück.«

»Wieso sollte ich zurückkommen?«

»Du oder Robbie. Ich weiß genau, was ein Ablenkungsmanöver ist.« Sie setzte eine gelangweilte Miene auf. »Robbie versucht auf jeder Familienfeier genauso stümperhaft, mir aus dem Weg zu gehen.«

»Hm«, brummte ich. Ich musste sie schleunigst loswerden, bevor die anderen zurückkamen. Auch wenn die Kirche am anderen Ende des Dorfs war, würde es nicht ewig dauern.

»Also, wo ist der Mond?« Sie lächelte schon wieder. Diesmal legte sie sogar den Kopf schief.

»Woher soll ich das wissen? Du sagst doch selbst, es war ein Ablenkungsmanöver.«

Sie lächelte mich weiter an und klimperte mit den Lidern. Ihre dunkelgrünen Augen glitzerten wie Kryptonit. Genervt wandte ich mich ab und sah mich um. Mir rannte die Zeit davon.

»Ach, bitte«, sagte sie, aber es klang nicht sehr bittend. »Ich weiß, dass du es weißt.«

»Ich weiß gar nichts«, murrte ich und wollte ihr nicht mehr in ihr Porzellanprinzessinnengesicht schauen, nicht in die hypnotischen Augen. Prinzessinnen nervten in allen Geschichten am meisten. Ich musste sie schleunigst loswerden. Ihr rosa Schleifchen glänzte hell in der Sonne.

»Schwachköpfe! Alles Schwachköpfe!«, krächzte der Papagei.

»Doch«, sagte Eleanor nachdrücklich. »Du weißt genau, wo er ist.«

»Selbst wenn ich es wüsste, würde ich es dir bestimmt nicht auf die Nase binden.«

»Sag‘s mir, oder ich sag meiner Mama, dass ihr mich nie mitspielen lasst und mich immer ärgert. Sie sagt`s Roberts Mutter, und die seinem Vater, dann kriegt ihr mächtig Ärger.«

»Das ist ...« Ich starrte sie an. »Petze!«

»Falsch«, sagte sie und klang, als würde sie einem strohdummen Baby etwas erklären müssen. »Petzen ist es erst, wenn ich es wirklich tu. Im Moment ist es nur Erpressung.«

»*Nur*?« Ich schnaubte vor Wut.

»Das ist netter, als dich wirklich zu verpetzen, oder?«

»Keine Erpressung ist nett!«

»Ja, aber ich will den Schatz, und ich kriege immer, was ich will.«

Ich knirschte mit den Zähnen. Ihr Lächeln und die blitzenden grünen Augen machten mich wahnsinnig! Jetzt verstand ich Robbie – so musste sich Superman gegenüber Lex Luthor fühlen, wenn der grünen Kryptonit bei sich hatte. Oder Batman gegenüber dem Joker, der lächelte auch ständig. Warum musste sie so clever sein und meinen Plan durchschauen?

Weil Erzschurken so etwas eben taten!

»Na gut«, sagte ich mit hängenden Schultern. »Komm mit.«

Es war der einzige Ausweg, obwohl er mir nicht gefiel, Erpressung hin oder her. Robbie würde er noch viel weniger gefallen. Ich zückte mein Feuerzeug mit LED-Lampe und stapfte zum halb verschütteten Kellerabgang hinüber. Eleanor folgte mir.

Über die rußverschmierten, schuttbeladenen Stufen stiegen wir in die labyrinthische Tiefe hinab. Schon nach wenigen Schritten schluckte die Dunkelheit die letzten Sonnenstrahlen, und uns blieb nur das schwache Licht meines Feuerzeugs. Über die Wände huschten lautlos die Schatten fetter Ratten. Hinter einer geborstenen Tür hörten wir ein Kratzen wie von scharfen Klauen über Beton. Mich überlief es kalt, aber ich ließ mir nichts anmerken. Wer wusste schon, was der alte Ringler von seinen Reisen mitgebracht und hier unten versteckt hatte?

Der gewaltige, verwinkelte Keller erstreckte sich bis über den Grundriss der ehemaligen Villa hinaus. Trotzdem brauchte ich keinen Faden, um mich zurechtzufinden, schließlich war ich ein Wandelnder Geist.

»Wohin gehen wir?«, flüsterte Eleanor. Endlich hatte sie aufgehört zu lächeln. Das Kratzen machte also auch ihr zu schaffen.

»Gleich sind wir da«, versprach ich und brachte sie zum allerletzten Raum, weit entfernt von der Treppe. Er hatte eine schwere Stahltür wie Heizungsräume oder Tresore.

Ich räumte einen angekohlten Balken zur Seite und öffnete die Tür mit einer leichten Verbeugung. Es roch feucht und nach Schutt.

»Nach Ihnen, Hoheit«, sagte ich.

Sie nickte huldvoll und trat ein. Der Raum war, abgesehen von etwas Schutt, vollkommen leer. »Und wo ...?«

Blitzschnell schlug ich die Tür zu und verkeilte sie mit dem Balken.

»Hagen!«, schrie sie und pochte gegen die Tür.

»Eleanor!«, schrie ich.

»Lass mich raus! Hier ist es stockdunkel.«

»Ich kann nicht! Die Tür ist zugefallen!«

»Das ist nicht witzig!«

»Erpressung auch nicht!«

»Bitte!«, flehte sie, aber ich wusste, dass das ein Prinzessinnentrick war. »Ich seh nichts. Und hier ... hier ist irgendwas ...«

O ja, das war ein Trick. Als ich eben hinein geleuchtet hatte, war der Raum leer gewesen.

»Lass! Mich! Raus!« Bei jedem Wort pochte sie ganz unprinzessinenhaft gegen die Tür.

»Gleich«, versprach ich. »Die Tür hat sich verklemmt. Ich hol schnell Werkzeug.«

»Was?«, schnappte sie. Wahrscheinlich war sie clever genug zu wissen, dass das jetzt ein Trick von mir war. Aber das war mir egal.

»Ich hol Werkzeug!«, rief ich lauter. »Halt durch!«

Wütend trat sie gegen die Tür. »Das wirst du büßen. Und wie du das büßen wirst!«

Ich eilte davon, und bald war ihre Stimme nicht mehr zu hören. Doch ihre Drohung hallte auch dann noch in meinem Kopf nach. Wenn sie das tatsächlich petzte, bekamen wir richtig Ärger. Und sogar richtig, richtig Ärger, wenn Robbies Vater noch immer im Bett lag. Aber das musste ich riskieren, einen Schatz fand man schließlich nicht einfach so.

Draußen rannte ich schnurstracks zur Kanone hinüber. Im Testament war ausdrücklich zuerst vom *Schießen* die Rede, erst dann vom Mond. Das bedeutete, die Kanone würde uns die Richtung anzeigen, in der wir den Mond und damit den Schatz finden konnten.

Ich stellte mich hinter sie und ging in die Knie, bis mein Kinn auf dem Rohr auflag. Das dunkle Eisen war höllisch heiß von der Sonne, meine Haut verbrannte zischend, und ich riss den Kopf wieder hoch. Schnell kühlte ich das Rohr mit allen Tomatensaftresten, die ich finden konnte. Jetzt war es nur noch vorhöllisch heiß, und das war mit zusammengebissenen Zähnen zu ertragen.

Ich kniff das linke Auge zu und zielte mit dem rechten genau am Lauf entlang. Mein Blick führte an der

Birke auf der Grundstücksgrenze vorbei, über die Felder hinweg auf einen mächtigen Strommast zu, zwei Handbreit links von dem weit entfernten Kirchturm von Oberhöfen. Irgendwo auf dieser Linie musste sich der gesuchte Mond befinden, und bei ihm der Schatz des alten Ringler.

Kaum hatte ich mir den Weg eingeprägt, donnerte hinter mir eine tiefe, zornige Stimme: »Hab ich dir Rotznase nicht gesagt, du sollst verschwinden?«

Ich wirbelte herum, aber zu spät. Nicht Lionel, nicht Henry oder Martin, sondern Werner C. Ringler Jr. packte mich grob am Arm. Mit ihm hatte mein Plan nicht gerechnet! Dabei hätte ich wissen müssen, dass er auftauchte, sobald er das Testament in der Zeitung gelesen hatte. Er hatte das Grundstück ja schon vorher belauert. So spät, wie er dran war, hatte Frau Stockwieser ihm wohl nichts verraten – und auch sonst niemand. Er roch nach Schweiß, so als wäre er ungeduscht von der Zeitung aufgesprungen.

Gewaltsam zerrte er mich vom Grundstück. Die undurchdringliche Sonnenbrille klebte noch immer auf seiner wutschnaubenden Nase, doch er hatte inzwischen einen Viertagebart.

»He!« Ich stolperte und knallte auf die Knie. Unerbittlich schleifte er mich weiter. Meine Knie rumpelten über den Rasen und herumliegenden Schutt.

»Schwachköpfe! Alles Schwachköpfe!«, plärrte der Papagei.

Ich wand mich in Werner C. Jrs. Griff, aber seine Hand war fest wie ein eingerosteter Schraubstock. Die blauen Adern auf seinem Unterarm traten pochend hervor. So sehr ich auch kämpfte, ich konnte mich nicht befreien.

»Raus hier!« An der Gartentür angekommen, stieß er mich mit Wucht auf die Straße.

Blitzschnell rollte ich mich über die Schulter ab, schnellte mit einem Rückwärtssalto in die Höhe und landete sicher auf den Füßen.

Unbeeindruckt knurrte er: »Ich fechte das verlogene Testament an. Mein Onkel war verrückt! Ich habe Anwälte! Mehrere! Sag das deinen Freunden, ja? Und dein Werkzeug können deine Eltern sich bei mir abholen, wenn sie sich trauen!«

Das Werkzeug war nicht meins, da konnte er lange warten. Das Dumme war nur, dass auch Eleanor lange warten konnte, wenn ich sie nicht befreite. Niemand sonst wusste, wo sie steckte, und ich hatte es ihr versprochen. Ich konnte nicht einfach verschwinden – ein Wandelnder Geist tat so was nicht.

»Verzieh dich!«, schrie Werner C. Jr., als ich nicht sofort floh. Er zückte sein Handy und wählte.

Ich blieb stehen, um ihm zu zeigen, dass ich keine Angst vor einem Telefon hatte. Und auch, weil meine Knie von der ganzen Schleiferei noch schmerzten.

»Hier Ringler«, sagte er in sein Handy und grinste mich gehässig an. Die Sonne spiegelte sich tiefschwarz in seiner Brille. »Ist Kommissarin Hinz da? Nein? Dann geben Sie mir bitte einen kompetenten Kollegen. Ich möchte mehrere Akte von schwerem Vandalismus melden. Auf dem Grundstück meines verstorbenen Onkels. Einer der Täter ist noch hier.«

Das war mein Stichwort. Ich stürmte davon, und er winkte mir höhnisch hinterher.

Doch bei erster Gelegenheit bog ich nach links aus dem Dorf und raste auf der Rückseite der Grundstücke zurück zur Ruine des alten Ringler. Dort kletterte ich über den hohen Zaun und schlich in Richtung Kellerabgang.

Werner C. Jr. marschierte wie ein Wächter am Gartentor auf und ab und telefonierte. Dabei trat er absichtlich auf den Spielzeugrechen des kleinen Mädchens. Das Plastik splitterte unter seiner Sohle. Mit einem teuflischen Grinsen drehte er den Fuß hin und her und zermahlte die Splitter knackend zu Plastiksand.

Indianerleise glitt ich die Treppe hinab und eilte lautlos durch die halb verschütteten Kellerflure zu Eleanor. Immer wieder konnte ich das Kratzen von

Krallen auf Granit hören, als würde irgendwer seine Klauen an einem Schleifstein schärfen. Schattenratten oder Rattenschatten huschten durchs schwache Licht der Feuerzeuglampe. Hastig leuchtete ich hierhin und dorthin, doch ich bekam die Kreaturen der Tiefe nicht zu sehen. Sie steckten in den finstersten Winkeln, wo sie lauerten und weiter und weiter ihre Hauer und Krallen schärften.

An der verkeilten Tür angekommen, lauschte ich kurz. Von drinnen war nichts zu hören. Hatten die Schattenratten Eleanor geholt?

Rasch nahm ich den angekohlten Balken fort und riss die Tür auf. Erleichtert stellte ich fest, dass Eleanor unversehrt war. Sie hatte die Arme um sich geschlungen, hier unten war es kühl. Selbst in meinem spärlichen Licht leuchtete die Schleife in ihrem Haar hell. Ihr Gesicht dagegen leuchtete nicht; ich konnte deutlich erkennen, dass sie noch immer stinkwütend war.

»Pst«, zischte ich, bevor sie losschreien konnte. »Werner C. Jr. ist da und hat die Polizei gerufen.«

»Gut«, stieß sie hervor, stand auf und warf ihr blondes Haar in den Nacken. Ihre Wut loderte nicht mehr, sie war kalt wie Gletschereis. »Die sollen dich gleich mitnehmen und einsperren und ...«

Wie bestellt drang kaum hörbar das gedämpfte Heulen einer Polizeisirene von draußen herein.

»Du darfst genauso wenig hier sein wie ich«, erinnerte ich sie. »Werner C. Jr. lässt dich auch einsperren.«

»Wird er nicht. Erwachsene tun mir nichts.«

»Doch, der schon. Der tut jedem was. Also komm.«

Und sie kam mit. Nach drei Schritten erlosch meine Lampe. Jetzt hatten wir nur noch die Flamme meines Feuerzeugs. Sie brannte an meinem Daumen, aber ich ertrug den Schmerz so ungerührt wie der echte Phantom. Mit der Linken schützte ich die Flamme vor dem Luftzug, und wir huschten zurück und die halb verfallene Treppe hinauf. Für eine faule Porzellanprinzessin bewegte sich Eleanor ziemlich schnell und geschickt.

Fast waren wir oben angekommen, als zwei Polizisten das Grundstück betraten.

»Runter«, zischte ich. Sofort warfen wir uns auf die Stufen. Schulter an Schulter kauerten wir im Schatten und lugten über die oberste Kante der Treppe.

Werner C. Jr. begrüßte die Polizisten mit Handschlag. Einer der beiden Beamten war ausgerechnet unser Nachbar, Herr Kuntz. Wenn er mich erwischte, würde er meinen Eltern alles doppelt erzählen: Erst im Dienst, dann abends noch mal privat. Und sie wären doppelt beschämt und vierfach sauer.

Herr Kuntz durfte ich ihn nur nennen, wenn er nicht arbeitete. »In Uniform heißt er für dich Herr

Kommissar – so wie für alle anderen auch«, sagten meine Eltern immer.

Die Kommissare ohne Namen ließen den Blick über das Grundstück schweifen, während Werner C. Jr. auf sie einredete.

»Ich sag ihnen, dass du mich eingesperrt hast«, flüsterte Eleanor. »Dann musst du ins Gefängnis.«

»Der Kommissar ist mein Nachbar«, flüsterte ich. »Der glaubt mir. Und ich sage, dass die Löcher im Garten alle von dir sind.«

»Das ist eine Lüge!«, zischte sie.

»Nein.« Ich lächelte. »Erst wenn ich es wirklich tu. Jetzt ist es nur Erpressung.«

Wütend starrte sie mich an.

Über uns schrie der Papagei wieder einmal: »Schwachköpfe! Alles Schwachköpfe!«

Die Beamten starrten mit strenger Miene in Richtung Villa. Breitbeinig setzten sie sich in Bewegung. Herr Kommissar rief: »Kommen Sie raus! Polizei!«

»Schwachköpfe! Alles Schwachköpfe!«

»Rauskommen!«, riefen beide Polizisten. Ihre Gesichter waren wutrot.

»Weg hier«, zischte ich. »Die sperren uns wegen Beamtenbeleidigung ein.«

»Das war der Papagei«, flüsterte Eleanor.

»Das glauben die nicht.«

»Ich denke, das ist dein Nachbar?«, flüsterte Eleanor.

»Ja, aber … los, komm.«

Lautlos zogen wir uns die Treppe nach unten zurück.

Draußen rief Werner C. Jr.: »Wenn sich hier jemand versteckt, dann im Keller. Der Rest ist abgebrannt.«

Mist!

Schwere Schritte kamen näher. Ich klickte das Feuerzeug an und zog Eleanor tiefer hinab. Niemand würde uns glauben, dass wir nichts getan hatten. Wir mussten hier irgendwie raus!

Schattenrattenschnell sahen wir in die nächsten Kellerräume. Der erste und zweite waren stockdunkel, doch beim dritten hatten wir endlich Glück. An der Oberkante der Rückwand hatte er ein enges Fenster, das nicht verschüttet war. Wir stürmten darauf zu und kletterten über den Schutt, der zum Fenster hereingefallen war, hinaus.

Hinter uns im Keller drohten die Kommissare: »Rauskommen!«

Gebückt wie die Affen rasten Eleanor und ich zur Rückseite des Grundstücks. Blitzschnell turnte sie über den Zaun, ich hinterher. Wir rannten am Dorfrand entlang, bis man uns vom Ringlergrundstück nicht mehr sehen konnte. Schwer atmend blieben wir nebeneinander stehen.

»Und?«, fragte Eleanor nach einer Weile. Die Schleife hing ihr inzwischen schief im zerzausten Haar, und das Gesicht war von Kellerstaub bedeckt. Ihre Knie waren so schmutzig wie meine. »Verrätst du mir jetzt endlich, wo der Mond ist?« Kein Wort mehr davon, dass ich sie eingesperrt hatte.

»Ich weiß es nicht«, sagte ich und wischte mir den Dreck aus dem Haar. Eine Spinnwebe blieb an meinen Fingern hängen, und ich schüttelte sie fort. »Ehrlich.«

»Schwörst du?«

»Ja.« Ohne zu zögern, legte ich die Hand aufs Herz. Schließlich wusste ich nicht, wo der Mond war. Nicht genau. Noch nicht.

Trotzdem musterte sie mich weiterhin misstrauisch. »Und wo warst du dann, als ich in den Keller gesperrt war?«

»Nirgendwo.«

»Das ist ja nicht möglich, oder?«

»Ein Stemmeisen für den Balken holen.«

»Du hattest jetzt aber keins bei dir.«

»Ich hab dann eben doch keins gebraucht.«

Sie hob die rechte Augenbraue und sah mich mit diesen durchdringenden Kryptonitaugen an. »Dann hast du auch keins geholt, oder?«

»Okay, okay. Ich musste einfach mal.«

»Du lügst.« Sie seufzte schrecklich lehrerhaft. »Schon wieder.«

»Und wenn schon! Was willst du dagegen machen? Mich verpetzen?«

»Ich petze nicht!«

»Das klang vorhin ganz anders.«

»Hörst du mir überhaupt zu? Das war Erpressung, kein Petzen! Ich hab's dir erklärt. Ich brauch doch keine Hilfe von meinen Eltern, um mit euch dreien fertig zu werden.«

»Da sagt Robbie was anderes.«

»Ach, Robbie.« Belustigt schüttelte sie den Kopf. »Der begreift es einfach nicht.«

»Was?«, fuhr ich sie an. Niemand lachte über meinen Freund. »Was begreift er nicht?«

Sie lächelte, in ihren grünen Augen glomm es unheimlich. »Letzte Chance. Arbeiten wir jetzt zusammen und teilen den Schatz? Die Hälfte für euch, die Hälfte für mich?«

Wortlos starrte ich sie an und kämpfte gegen diesen Hypnoseblick.

»Und?«

»Du willst allein so viel wie wir zusammen? Weil du glaubst, dass ich weiß, wo der Mond ist? Du spinnst!«

»Tu ich nicht«, sagte sie ganz ruhig. »Ich gewinne nur immer.«

»Niemand gewinnt immer.«

»Ich schon.« Sie strahlte. »Also? Sind wir ein Team?«

»Natürlich nicht!« Wir brauchten niemanden, der sich für besser hielt und einen größeren Anteil verlangte. Und schon gar nicht sie.

Von einem Moment zum nächsten erlosch ihr Lächeln. »Selber schuld! Dann finde ich den Schatz eben ohne euch, und du und Robbie kriegt nicht einen Euro davon ab!« Sie drehte sich um und schritt mit erhobenem Kopf davon.

»Und du nicht einen Cent!«, schrie ich ihr hinterher.

Sie lachte, ohne sich umzudrehen. »Ich gewinne immer!«

»Diesmal nicht!« Wir würden schneller sein! Wir waren die Wandelnden Geister! Auf keinen Fall würden wir gegen eine Porzellanprinzessin verlieren, egal, wie clever und listig sie war. Und egal, wie oft sie gewann. Das hier war schließlich kein Spiel.

Ich drehte mich um und stürmte zur Kotzerbrücke.

6. Kapitel

Die Botschaft des verwitterten Kreuzes

Die Kotzerbrücke war aus krummgetrocknetem Holz und lag auf halbem Weg zwischen der Partyscheune und Falkenhofen. Ihren Namen hatte sie von den Betrunkenen, die sich hier auf dem Heimweg über das Geländer hängten und in die Isach reiherten. Manchmal waren es so viele, dass die Fische noch am nächsten Tag besoffen waren und in Schlangenlinien schwammen.

Als ich ankam, stand Robbie schon am Geländer und flutschte flache Steine in den Fluss. Sie schanzten über die rollenden Wellen und flogen meterweit.

»UFOs«, sagte Robbie, und ich versuchte es auch.

Mein Stein versank beim ersten Aufprall, und ich sagte schnell: »U-Boot.«

Axel kam kurz nach mir und sah völlig zerzaust aus. Die Unterlippe war dick und aufgeplatzt wie eine Bratwurst, das T-Shirt voller dunkler Flecken und am Hals eingerissen, die Arme voller Schrammen, ein Knie blutig.

»Was ist passiert?«, rief ich, und Robbie fragte gleichzeitig: »Alles okay?«

»Lionel!«, stieß Axel hervor. »Seine ganze Gang hat mich vermöbelt.«

»Schweine!« Robbie ballte die Fäuste und knirschte mit den Zähnen.

Ich knirschte noch lauter. Ich war stinkwütend. Axel war mein kleiner Bruder und Robbies Bruder leihweise. Wir durften ihn herumkommandieren und unsere Taschen tragen lassen oder so. Aber nur wir. Und niemand vermöbelte meinen Bruder!

»Dem zahl ich's heim!« Robbie wollte in Richtung Kirche davonstürzen, aber ich erwischte ihn gerade noch an der Schulter.

»Lass mich!« Robbie riss sich los.

»Warte! Das sind viel mehr als wir!«

»Das ist ja die Schweinerei!« Robbies Zornsprossen leuchteten.

»Warte«, sagte auch Axel. »Ist nicht so wild, ich hab schon Schlimmeres ausgehalten.«

Ich nickte stolz. Mein Bruder. Er war einfach unkaputtbar.

Fluchend trat Robbie gegen das Geländer, aber er blieb. »Ich hab's echt nicht mitbekommen, ich war zu weit voraus.«

Axel zuckte mit den Schultern. »Wenigstens haben sie dich nicht auch noch gekriegt.«

»Aber warum? Warum haben sie das getan?«, fragte ich.

»Sie wollten wissen, wo der Mond ist.«

»Hast du ihnen nicht vom Bild in der Kirche erzählt?«

»Doch. Aber Lionel hat mir erst nach der Abreibung geglaubt. Er sagt, es muss sein, davor lügt jeder. Aber ich glaube, das Verprügeln macht ihm einfach Spaß.«

»Schweine!«, knirschte Robbie noch mal. »Fünf gegen einen! Der Lionel ist so ein elender Feigling.«

»Feige Schweine!«, knurrte auch ich.

»Elende feige Dreckschweine«, überbot uns Axel und spuckte aus. Zum Glück nur rötlichen Speichel und keinen Zahn.

»Das war nicht der Plan«, sagte ich entschuldigend.

»Wusste Lionel von dem Plan?«, fragte Axel.

»Natürlich nicht!«

»Dann weih ihn nächstes Mal besser ein. Dann hält er sich vielleicht dran.« Axels linkes Auge schwoll immer weiter zu, die Beule war bestimmt so groß wie ein Tennisball. Aber er heulte nicht. Er war so tapfer, wie es sich für einen Wandelnden Geist gehörte. Robbie klopfte ihm anerkennend auf die Schulter. Axel zuckte zusammen.

»Das gibt Rache«, versprach Robbie.

»Aber wie?«, fragte Axel. »Die sind viel mehr als wir.«

»Kühl erst mal dein Auge mit Wasser«, sagte ich. »Das hilft. Dann müssen wir los. Solange Lionel bei der Kirche ist, haben wir freie Bahn.«

»Wofür?«

»Für den Schatz.«

Axels Gesicht hellte sich auf. »Du weißt, wo er ist?«

»Ich weiß, wo wir hin müssen.«

»Genial!« Axel stürmte blindlings zur rechten Uferseite. Dort wucherten riesige Brennnesseln, die ihm bis weit über den Kopf reichten.

»Hey, Kleiner!«, rief Robbie. »Nimm besser die andere Seite, da sind keine Brennnesseln.«

»Meinst du, ich trau mich hier nicht?«, brauste Axel auf und trat die ersten Nesseln mit seiner Fußsohle um. Er presste sie so fest zu Boden, dass sie nicht wieder hochschnellten. »Die großen brennen viel weniger als die kleinen.«

»Aber mehr als gar keine Brennnesseln!«

»Pfff.«

»Die andere Seite ist echt sicherer«, sprang ich Robbie bei, aber so was war bei Axel einfach vergebens.

»Ich hab keine Angst!«, brüllte er und trat eine Pflanze nach der anderen um. In Sekundenschnelle trampelte er sich einen Pfad in den Brennnessel-Dschungel. Wir sahen, wie er im wuchernden Grün verschwand, und hörten die gefällten Nesseln rascheln, und dann Axel jammern und fluchen. »Die großen brennen auch!« Aber jetzt war es zum Umkehren zu spät.

»Kühl auch die Brandstellen mit Wasser«, riet ich ihm. »Das hilft!«

Axel trampelte schneller und schneller und fluchte lauter und lauter. Irgendwann rannte er einfach los und sprang mit den Füßen voraus in die Isach. Hier war sie nicht tief, da war es egal, dass er nicht schwimmen konnte.

Er landete jedoch unglücklich und kippte um. Wasser schwappte in seinen aufgerissenen Mund. Die Strömung packte ihn und trieb ihn in die Flussmitte und unter der Brücke hindurch.

»Axel!« Robbie und ich stürmten zur anderen Seite der Brücke. Ich holte Schwung, um über das Geländer zu springen und Axel zu retten. Doch das musste ich gar nicht, er fand allein Halt und konnte sich mühsam aufrichten. Die Wellen schlugen ihm gegen Bauch und Brust.

»Alles okay?«, schrie ich.

»Es brennt noch immer!«

»Logisch.«

»Aber ich bin im Wasser! Das hilft gar nicht!« Vorwurfsvoll sah er mich an, als hätte ich ihn gezwungen, durch Brennnesseln zu laufen. *Kleine Brüder!* Gerade eben war ich noch genial gewesen.

»Es hilft«, erklärte ich. »Ohne würde es viel mehr brennen.«

»Und vergiss dein Auge nicht«, sagte Robbie. »Der Schatz wartet.«

Beim Gedanken an den Schatz grinste Axel und hielt das Gesicht unter Wasser. Als er wieder auftauchte, saß ein schmutzig roter Flusskrebs auf seiner Stirn und schnappte mit einer gewaltigen schlammtriefenden Schere nach seiner Nase. Zum Glück schnappte er vorbei – wahrscheinlich war er betrunken.

Mit einem Schrei wischte Axel ihn fort. Der Krebs flog fünf Meter durch die Luft, machte einen Salto und tauchte in die Fluten, die Scheren zum eleganten Hechtsprung ausgestreckt.

»Hatte der zwei Köpfe?«, rief Robbie.

»Was?«, keuchte Axel.

»Hatte der zwei Köpfe?«, wiederholte Robbie.

»Ich hatte keine Zeit, ihn zu untersuchen!«

»Hättest du besser mal. Der Biss der Zweiköpfigen ist giftig, weil der zweite Kopf von der Mischung aus Bierkotze und Abwasser kommt.«

»Hier ist Abwasser drin?«, schrie Axel.

»Überall ist Abwasser drin«, sagte Robbie.

»Ich will aber keinen zweiten Kopf!« Panisch kämpfte er sich Richtung Ufer. Dummerweise nahm er wieder das mit den Brennnesseln.

Genau in dem Moment rief Ma an und fragte, was wir machten.

»Wir bringen Axel was über Flusskrebse und Umweltschutz bei«, sagte ich.

»Sehr gut«, lobte Ma und wollte wissen, ob wir uns auch mit Sonnencreme eingerieben hätten.

»Ja«, versicherte ich.

»Auch im Nacken?«

»Ja.«

»Mit der 30er oder 50er?«

»50er.«

»Gut.« Beinahe konnte ich sie nicken hören. »Bleibt trotzdem im Schatten. Sicherheitshalber.«

»Sind wir«, sagte ich. Und weil ich zufällig in Roberts stand, war es auch nicht gelogen.

»Sehr schön.« Ma wünschte uns noch viel Spaß und legte auf.

Inzwischen hatte Axel das Ufer erreicht und starrte auf die Brennnesseln vor seiner Nase. Er drehte sich um und sah zur anderen Seite. Für einen Nichtschwimmer war es ziemlich weit. Die Isach strömte aufgewühlt vorbei. Fische schnappten aus den schäumenden Wellen – zu schnell, um ihre Köpfe zu zählen.

»Komm zur Brücke«, befahl Robbie und kletterte über das Geländer.

Ich legte mich auf den heißen Asphalt, packte Robbies Fußgelenke und hielt ihn fest, während er sich kopfüber nach unten hängen ließ. Er erreichte gerade so Axels ausgestreckte Arme und zog den Kleinen nach oben wie ein Trapezkünstler. Ich half ihm übers Geländer.

»Danke«, keuchte Axel, noch immer auf uns gestützt. Das Wasser von seinem Arm tropfte auf unsere Schulter und verdampfte.

Ich strubbelte ihm durchs Haar, wie es Pa immer tat. »Alles okay?«

»Klar.« Langsam löste er sich von uns. »Holen wir den Schatz.«

Wir waren die Wandelnden Geister, und Phantom kämpfte nicht für Geld, sondern für Gerechtigkeit und für die Schwachen und Unterdrückten. Wenn in

PHANTOM Nr. 13: Das Dorf der Verdammten die Gangster Charly und Oban einen wertvollen Pokal voller Edelsteine stehlen, dann holt er ihn zurück. Denn gestohlen ist gestohlen, das geht nicht. Gewinnen darf den Pokal jedoch jeder, der zu den Dschungelspielen antritt.

Genauso war es mit dem Schatz des alten Ringler. Und wir wollten ihn unbedingt gewinnen, wir wollten die Ersten bei ihm sein. Wir wollten haufenweise Geld finden, wir wollten steinreich werden, wir wollten im Gold schwimmen oder sogar tauchen. Wir wollten Lionel und Martin wie arme Schlucker aussehen lassen.

Ma hatte gesagt, Geld sei Wertschätzung. Dann musste der Schatz die gewaltigste Wertschätzung von ganz Falkenhofen sein, und die würden wir uns erkämpfen.

Wir rannten zurück zur Villa. Unterwegs beschimpften wir erst Lionel und seine Gang wüst. Dann verfluchten wir alle, die dabeigestanden und Axel nicht geholfen hatten, und dann wieder Lionel. Lautstark schworen wir ihm furchtbare Rache.

»Und wie?«, fragte Axel wieder.

»Wir finden den Schatz vor ihm«, sagte ich. Das wäre die furchtbarste Rache, weil er dann nicht mehr prahlen könnte, dass er das meiste Taschengeld bekam. Taschengeld war immer weniger wert als ein Schatz.

»Außerdem können wir mit dem Gold Piraten anheuern, die ihn entführen«, sagte Robbie.

»Und die lassen ihn nur gegen 1 Million Euro Lösegeld frei!«, rief Axel.

»Nein, nein«, widersprach ich. »Das kann sein Vater sowieso bezahlen. Sie sollen besser nur 99 Cent fordern und zu Lionel sagen: *Tut uns leid, aber mehr bist du nicht wert.* Das beleidigt ihn viel mehr.«

Lachend rannten wir weiter. Ich erzählte, was ich rausgefunden hatte, und dass Eleanor den Schatz unbedingt vor uns finden wollte.

»Nicht die«, stöhnte Robbie verzweifelt auf. »Warum immer die?«

Ich trieb ihn weiter. »Lionel ist das größere Problem. Der hat eine ganze Gang.«

Aber Robbie schüttelte den Kopf und murmelte weiter vor sich hin, als hätte er mich nicht gehört. »Warum immer die?«

Vom Zaun des Ringlergrundstücks folgten wir der Linie der Kanone, ohne nur einen Fußbreit davon abzuweichen. Uns durfte nicht der geringste Hinweis auf den Schatz entgehen.

Nach wenigen Metern kletterten Robbie und ich über eine Bank, die direkt auf der Linie stand, während Axel als Kleinster darunter durchkriechen durfte.

Gespendet vom Gartenbauverein zum 50-jährigen Jubiläum stand auf einem kleinen Metallschild auf der Lehne – kein Hinweis auf einen Mond. Die Hundekacke auf Axels Weg unter der Bank hindurch war zwar halbmondförmig, aber die konnte nicht gemeint sein, die war zu frisch.

Wir kreuzten den Feldweg hinterm Dorf und entdeckten weit links von uns zwei Erwachsene, die den Boden wahllos mit Metalldetektoren absuchten. Ohne uns um sie zu kümmern, stiegen wir über einen zweiachsigen Anhänger, der am Rand einer frisch gemähten Wiese abgestellt war. Wir stürmten über die offene Wiese, und die Tropensonne und der Rennwind trockneten Axels Kleidung.

Als wir das angrenzende Roggenfeld erreichten, brannte auch Axels Haut nicht mehr. Das Getreide war reif zur Ernte, doch kein Bauer zu sehen.

»Gehört das dem Grobmayr?«, fragte Axel bang.

Es gab hunderttausend gute Gründe, warum man dem Bauern Grobmayr besser aus dem Weg ging. Die drei wichtigsten waren folgende.

Erstens: Wenn ihn ein Hund ankläffte, kläffte er doppelt so laut zurück, bis der Hund endlich den Schwanz einzog. Meist dauerte das nicht lang. Sogar tollwütige Schäferhunde hatten Angst vor ihm, und Hunde haben einen hervorragenden Sinn für Gefahr.

Zweitens: Er wich niemandem aus. Auf dem Fußweg lief er immer so breitbeinig, dass Eltern mit Kinderwagen auf die Straße ausweichen mussten, egal, wie viel Verkehr war. Mit dem Traktor drängte er Rad- und Rollstuhlfahrer wild hupend in Rinnsteine, Straßengräben und Felder ab. Er sagte, Hupen zur Warnung sei genug Höflichkeit.

Drittens: die Schilder an seinem Gartenzaun.

»Nein«, beantwortete Robbie Axels Frage mit Nachdruck. »Das gehört dem Huber.«

»Dann weiter«, drängte ich.

Wir orientierten uns am fernen Strommast und stapften aufmerksam durch das Feld. Die Ähren gingen uns bis über die Hüften und kitzelten auf der Haut. Insekten umschwirrten uns, die grelle Sonne stieg höher, die Schatten schrumpften. Einen Mond konnten wir nirgendwo entdecken.

Weit links von uns raschelte etwas, und die Getreidespitzen zitterten trotz Windstille.

»Was ist das?«, fragte Axel.

Das Rascheln verstummte.

»Irgendein Tier«, sagte ich. »Eine Katze oder Maus.«

»Klang aber größer«, erwiderte Axel, und ich wusste, dass er an den geifernden Roggenwolf dachte. Der machte bei Dürre Jagd auf ungezogene Kinder, wenn sie Getreide niedertrampelten. Aber wir trampelten nicht.

»Höchstens dackelgroß«, sagte ich. »Und für eine Dürre stehen noch viel zu viele Pflanzen.«

»Sicher?«

»Ganz sicher.«

Das Feld lag reglos und still in der Sonne.

Vorsichtig gingen wir weiter und traten auf möglichst wenige Stängel. Dabei drehten wir uns immer wieder um. Natürlich nicht nach dem Roggenwolf, sondern um zu schauen, ob der Huberbauer auftauchte. Auch unbewaffnete Bauern, die keine Hunde ankläfften, mochten es nicht, wenn man durch ihre Felder stapfte. Wir sahen uns nach Eleanor um und nach Lionel, doch niemand folgte uns.

»Sie darf den Schatz nicht vor uns finden«, beschwor uns Robbie. »Nicht Eleanor. Auf keinen Fall Eleanor.«

»Nicht Lionel. Auf keinen Fall Lionel!«, forderte Axel.

»Niemand findet ihn vor uns«, bestimmte ich. »Gar niemand!«

Mit jedem Schritt liefen wir schneller. Weit hinter uns bewegten sich die Ähren. Die letzten Meter rannten wir fast, und Axel sprang aus dem Feld. »Erster.«

Robbie grinste.

Wir standen auf einem Kiesweg, der vor über zweitausend Jahren eine alte Römerstraße gewesen war. Hier waren schon Legionäre entlangmarschiert. Reiche Händler hatten wertvolle Waren von den nördlichsten Provinzen des Imperiums in den Süden geschafft. Steuereintreiber hatten kistenweise Münzen darüber hinwegtransportiert. Heute war es nur noch ein staubiger Feldweg, auf dem ich mal ein verbogenes Zehnpfennigstück von 1956 gefunden hatte.

Auf der anderen Seite des Wegs, direkt vor unserer Nase, stand ein vier Meter hohes Kreuz mit einer Jesusfigur. Es war alt und verwittert, der Heiligenschein ausgebleicht und zur Hälfte abgebrochen, sodass er wie ein Halbmond aussah.

»Wow«, sagte Axel.

Robbie legte mir die Hand auf die Schulter. Das musste Ringlers Mond sein, wir hatten es echt geschafft.

»Mach eine Räuberleiter!«, befahl ich Axel.

»Aber ich bin der Kleinste«, protestierte er. »Ich sollte nach oben.«

»Nein«, sagte ich. »Der Boss ist immer oben.«

»Wir sind beide der Boss«, sagte Robbie.

»Aber ...«, stieß Axel hervor und sah ängstlich von Robbie zu mir und wieder zurück. Es wirkte, als würde er innerlich schon unser Gewicht zusammenzählen.

»Keine Bange, Kleiner, Hagen darf allein hoch«, sagte Robbie großzügig. »Wir wollen dich nicht überanstrengen.«

»Oder bist du sogar zu schwach, um mich allein zu tragen?«, fragte ich, und der Trick klappte wie jedes Mal.

Axel schnaubte verächtlich: »Pfff!« und stellte sich breitbeinig mit dem Rücken ans Kreuz.

Ich kletterte über seine verschränkten Hände auf seine Schultern. Er zuckte kurz, beschwerte sich aber nicht.

Meine ausgestreckten Hände reichten gerade mal bis zu Jesus Lendenschurz. Ich krallte mich fest, setzte den Fuß auf den hölzernen Nagel in seinen Füßen und drückte das Knie durch. Robbie schob von unten nach, weil Axels Arme zu kurz waren.

Das Holz knackte.

»Meinst du, das hält?«, fragte Robbie.

»Ich wäre leichter gewesen«, sagte Axel.

Ich schnaufte, fand mit der ausgestreckten Rechten an Jesus‘ Schulter Halt und zog mich hoch. So schwungvoll, dass ich mir die Stirn an der spitzen Dornenkrone stieß. Ich fluchte, ließ aber nicht los.

Gründlich untersuchte ich den halben Heiligenschein und tastete auch die Rückseite ab, konnte jedoch nichts entdecken: keinen Schließfachschlüssel, keinen Scheck, kein Sparbuch, kein Garnichts. Wo konnte der Schatz nur stecken? Das hier musste der gesuchte Mond sein!

»Bestimmt ist er vergraben«, sagte Robbie.

Langsam kletterte ich wieder hinab.

Der Boden unter dem Kreuz war knochentrocken, und Axel hatte natürlich keine Schaufel eingesteckt. Also zückten Robbie und ich unsere Taschenmesser, um die Erde zu lockern. Axel hatte keins, weil Ma ihn wieder einmal schützen wollte. Sie hatte gesagt: »In deinem Alter ist ein Messer zu gefährlich.«

Also musste Axel sich mit einem kantigen Stein vom Wegesrand behelfen. Dabei schürfte er sich alle Fingerkuppen auf und riss sich einen Fingernagel ein. Mit einem Messer wäre das nicht passiert.

Eine halbe Stunde lang buddelten wir wie aufgedrehte Rennmaulwürfe, doch fanden wir nichts außer Regenwürmern. Das Loch war so tief, dass wir den Boden gerade noch mit ausgestreckten Armen erreichten.

»Aufhören«, keuchte Robbie, »das Kreuz fällt gleich um.«

»Unsinn«, sagte Axel und pochte gegen den Balken. Er pochte nicht besonders fest, trotzdem knirschte das Kreuz wie der morsche Mast eines alten Seglers im Orkan.

»Angst, Kleiner?«, fragte ich.

»Pfff«, stieß er hervor, tauchte kopfüber hinab und schleuderte die Erde mit bloßen Händen hinter sich. »Wenn es doch fällt, weich ich aus.«

»Halt!«, rief Robbie. »Sofort Halt!«

»Nein!«, rief Axel. »Ich hab keine Angst!«

»Ist mir egal«, knurrte Robbie, packte Axel an den Füßen und zog ihn aus dem Loch. »Ich hab *Halt* gesagt! Und ich bin der Boss!«

»Wir«, korrigierte ich. »Wir sind ...«

»Meinetwegen! Aber hier kann nichts sein. Sonst wäre das Kreuz schon beim Vergraben des Schatzes umgefallen, so locker, wie es jetzt noch steht. Logisch, oder?«

Ich nickte langsam.

»Und was machen wir jetzt?«, fragte Axel enttäuscht.

»Schütten wir das Loch wieder zu«, sagte Robbie.

»Du fängst schon mal an«, sagte ich. »Robbie und ich müssen nachdenken.«

»Warum darf ich nicht nachdenken?«

»Weil wir der Boss sind.«

Grummelnd schob er den Aushub mit dem Fuß wieder ins Loch, während Robbie und ich uns nach einem möglichen Versteck umsahen. Hatte das Kreuz vielleicht ein Geheimfach? Wir fanden keins und halfen Axel.

Minuten später trampelten wir die Erde fest. Wo war nur der Schatz? Wir hatten den Mond gefunden, er musste hier sein! Ich konnte mich doch nicht geirrt haben, oder?

Wieder und wieder sahen wir uns um, ohne auch nur einen Cent zu finden. Langsam beschlichen mich Zweifel. Hatte ich etwas an dem Testament übersehen? Steckte der Schatz vielleicht doch in der Kirche, und wir hatten Lionel selbst mit der Nase darauf gestoßen? Das wollte ich mir gar nicht vorstellen, die anderen verließen sich immer auf meine Pläne.

Irgendwann deutete Axel nach oben und sagte zu mir: »Du hast Jesus drei Finger abgebrochen.«

»Hab ich nicht!«, protestierte ich. Ich war nicht mal in der Nähe der Hand gewesen. Und was kümmerten uns fehlende Finger? Der fehlende Schatz war das Problem!

»Und wer war es dann?«

»Das war schon so!« Verärgert sah ich hoch. Tatsächlich fehlten der Holzfigur an der Rechten der Mittelfinger, der Ringfinger und der kleine.

»Warum sollte jemand eine Jesusfigur mit nur sieben Fingern schnitzen?«

»Na ja, er war Zimmermann«, vermutete Robbie. »Die sägen sich manchmal welche aus Versehen ab.«

Inzwischen starrten wir alle hinauf.

»Nein«, sagte Axel. Er hatte das Fernglas aus seiner Tasche geholt und sah hindurch. »Die sind abgebrochen.«

»Die Bruchstellen sind schon alt«, verteidigte ich mich.

Es wirkte fast, als würde Jesus mit dem Zeigefinger in die Ferne deuten.

»Und jetzt?«, fragte Robbie. Er und Axel sahen mich erwartungsvoll an.

Ich biss mir auf die Unterlippe, und mein phantomgleicher Verstand arbeitete auf Hochtouren.

Irgendwas musste ich übersehen haben. Und plötzlich wusste ich auch, was!

Der alte Ringler hatte einmal neben Axel und mir gehalten und uns zu seinem Ferrari gewunken. »Hey, Jungs, pass mal auf: Eine Diesellok fährt bei 50 km/h Ostwind mit 100 km/h nach Südwesten. Wohin steigt der Dampf?«

Axel sagte: »Was? Noch mal.«

Ich sagte: »Eine Diesellok hat keinem Dampf.«

Der alte Ringler lachte und gab mir einen Euro. »Ich liebe Rätsel.« Bevor er davonfuhr, warf seine Freundin auf dem Beifahrersitz Axel auch einen Euro zu. Einfach so, weil die Sonne schien, wie sie lachend verkündete. »Und ich liebe die Sonne.«

Der alte Ringler liebte Rätsel, und das hieß: Ein einziger Mondhinweis im Testament war viel zu wenig. Der Schatz war gar nicht hier! Wir mussten noch weiter, vielleicht noch viel, viel weiter.

»Wir müssen dem Zeigefinger folgen!«, stieß ich hervor.

»Zum Schatz?«, fragte Axel.

»Oder zum nächsten Mond.« Ich grinste. »Ich glaube, wir haben noch einen weiten Weg vor uns. Mit jeder Menge Monde.«

»Na, dann los!«, drängte Robbie.

Hastig stieg ich wieder über Axels Schultern hinauf, um die genaue Richtung des Zeigefingers anzupeilen, die neue Richtung der Schatzlinie. Nach mir kletterte auch Robbie hoch, damit wir beide die Richtung kannten, sicher war sicher. Außerdem wollte er nicht ständig darauf verzichten, Boss zu sein, nur weil Oskar krank war.

»Und ich?«, fragte Axel.

»Du bist angeschlagen«, sagte ich rücksichtsvoll. »Spar deine Kräfte besser.«

»Dein Auge ist fast zugeschwollen«, ergänzte Robbie. »Du kannst gar nicht richtig peilen.«

Dann folgten wir Jesus‘ Finger. Er leitete uns diagonal über die Felder in Richtung oberes Dorfende. In dem Siedlungsgebiet dort wohnten Lionel und Martin. Es war das Gebiet ihrer Gang und damit Feindesland. Unsere Hoffnung war, dass sie noch immer in der Kirche herumhingen, wenn wir dort durch mussten.

7. Kapitel

Geisterluft in der jaulenden Hütte

Ich habe meine Eltern mal gefragt, was mein Name bedeutet, und sie haben mir gesagt: *Beschützer.* Das klang cool. »Das war bewusst ausgesucht«, sagte Ma. »Du solltest immer ein jüngeres Geschwister bekommen.«

Weil das dann Axel geworden ist, war der Name nicht nur cool, sondern auch richtig Arbeit.

Axel fand meinen Namen natürlich gut. Zumindest bis er rausgefunden hat, was mein weltberühmtester Namensvetter, der Hagen aus dem Nibelungenlied, getan hat: Er hat versprochen, den großen Helden Siegfried zu beschützen. Der hatte in Drachenblut gebadet und war danach nur noch an einer Stelle auf dem Rücken verwundbar, wo das Blut seine Haut nicht berührt hatte. Hagen wusste, wo, und hat ihm heimtückisch von hinten einen Speer hineingerammt.

Ein Wandelnder Geist würde so was natürlich nie tun. Trotzdem habe ich mir gleich einen Speer aus dem Herz einer Eiche geschnitzt, denn einen Speer konnte man immer mal brauchen.

Ma hat dann auch nachgelesen, was Robert bedeutet, und das war richtig cool: *der strahlend Ruhmreiche* oder *von glänzendem Ruhm.* Den ganzen Nachmittag war Robbie tierisch stolz und seinen Eltern für den Namen dankbar. Bis er am Abend rausfand, dass sie die Bedeutung gar nicht kannten. Sie hatten ihn nach Großonkel Robert benannt, aber der hatte ihnen trotzdem nichts vererbt.

»Undankbarer alter Sack«, knurrte Robbies Vater.

»Opa Oskar ist da anders«, sagte seine Mutter. »Du wirst schon sehen.«

»Ja, aber der wird bestimmt hundert.«

Oskar fragte sicherheitshalber nicht, was sein Name bedeutete. Zumindest war er nach einem vielleicht bald Hundertjährigen benannt, nicht – wie sein Bruder – nach einem Sack.

»Der alte Ringler hatte sieben große Schließfächer bei der Bank«, sagte Robbie, während wir schnurgerade über eine weitere Wiese stapften. Das Gras stand kniehoch, und giftbunte Schmetterlinge tanzten überall um uns herum. »Alle vor seinem Tod leergeräumt.«

»Und sieben fette Konten«, ergänzte ich, obwohl wir das alle wussten. »Alle leergeräumt.«

Die Wiese erstreckte sich wie eine Savanne vor uns. Heuschrecken sangen, und gewaltige rote Ameisen krabbelten über unsere Füße. Meine Finger schwollen in der Hitze an, sodass die Phantomringe nicht mehr über die Knöchel gingen und festhingen. Ich drehte den Totenkopf sorgfältig nach oben, schließlich wusste man nicht, was alles im tiefen Gras lauern mochte. Oder wer.

»Was ist, wenn Ma recht hat?«, fragte Axel. »Wenn das alles doch die Sandra Wild bekommen hat?«

Sandra Wild war die Freundin des alten Ringler gewesen, als der noch lebte. Und auch wenn Ma immer mit einem *zu* über sie sprach – zu jung, zu stark geschminkt, Rock zu kurz, Lachen zu aufdringlich und so weiter –, mochte ich sie. Nicht nur, weil sie schön war und Axel den Euro geschenkt hatte, sondern weil sie mit den großen goldenen Piratenohrringen so sehr nach Abenteuer aussah wie der alte Ringler. Einmal hatte sie mir mit einem zugstarken Gummi für die Schleuder ausgeholfen.

Trotz ihrer langen Fingernägel hatte sie ihn blitzschnell ans Gestell geknotet und lachend gesagt: »Hab ich von meinem großen Bruder gelernt.«

Das hatte mir natürlich gefallen. Trotzdem wollte ich den Schatz aber weiter für uns.

Robbie sah Axel an und schüttelte nachdrücklich den Kopf. »Hat sie nicht, hat sie gesagt, hat Mama gesagt, der es eine Freundin gesagt hat, die eine Schwester bei der Bank hat.«

Axel und ich starrten ihn an und versuchten zu kapieren, wer jetzt genau wo was gesagt hat. Dann fragte Axel einfach nur: »Und du glaubst ihr?«

»Wem?«

»Ihr und der Freundin und der Schwester ... na, eben allen.«

»Der alte Ringler hat ihr den Ferrari geschenkt, bevor er ins Krankenhaus musste«, wusste Robbie, weil der Bruder einer Bekannten seiner Mama dort arbeitete. »Und ziemlich viel Schmuck. Dann hat er sie fortgeschickt, weil er nicht wollte, dass sie ihm beim Sterben zusieht. Damals waren die Konten noch voll.«

»Wenn sie wirklich alles bekommen hätte, hätte der alte Ringler ja nicht den Hinweis in die Zeitung setzen müssen, oder?«, fragte ich. »Oder hältst du sie für den Mann im Mond?«

Das tat Axel nicht. Auch nicht für Neil Armstrong.

Unser Weg führte uns direkt auf die jaulende Hütte zu, eine Scheune aus groben, schwarz gestrichenen Brettern. Sie stand mitten auf offenem Feld. In stürmischen Gewitternächten spukten hier die Geister von zwölf Ratten und einem Kettenhund. Waren das die Schatzwächter, oder würde dort nur ein weiterer Mond auf uns warten? Ich konnte mir nicht vorstellen, dass wir schon am Ziel waren.

»Wisst ihr eigentlich, wo die Geister bei schönem Wetter sind?«, fragte Axel vor dem schiefen Tor.

Robbie und ich wussten es nicht.

»Weil Werwölfe sind ganz normale Menschen, wenn gerade kein Vollmond ist, und Vampire liegen bei Sonnenschein in ihrem Sarg. Aber wo sind Geister, wenn sie gerade nicht spuken? Die können sich doch nicht in Luft auflösen.«

»Doch«, sagte Robbie. »Genau das können sie.«

Axel sah ihn zweifelnd an. »Und was passiert, wenn irgendwer sie zum Teil einatmet, wenn sie gerade Luft sind, und woanders wieder aus? Oder beim Staubsaugen ein Geisterbein mit aufsaugt? Finden sich die Geister wieder zusammen?«

»Bestimmt. Oder sie spuken einbeinig weiter.«

»Und das Bein?«, fragte Axel. »Spukt das allein irgendwo anders?«

»Könnt ihr das später klären? Wir haben einen Schatz zu finden«, drängte ich und zog am Scheunentor. Es war nicht verschlossen und öffnete sich mit einem lauten Spukhausquietschen.

Auf den ersten Blick erkannten wir keinen Schatz und keinen Mond. Frisches Heu stapelte sich meterhoch bis unters Dach. Die Schatzlinie führte mitten hindurch. Axel versuchte, am Heu hochzuklettern, fand aber keinen Halt.

»Besser außen übers Dach?«, fragte Robbie, doch auch da gab es keinen Weg hinauf.

»Nein. Wir müssen mitten durch«, beharrte ich. »Wir müssen unbedingt genau auf der Schatzlinie bleiben. Sonst übersehen wir noch einen Mond oder sogar den Schatz selbst.«

»Wie soll das gehen? Im Heu sehen wir nichts.«

»Keine Panik«, sagte ich. »Ich hab einen Plan.«

An der Wand, gleich rechts neben der Tür, hatte ich eine lange dünne Stange entdeckt. Sorgfältig richteten wir sie an der Schatzlinie aus. Dann rammten wir sie zu dritt wie eine Lanze durchs Heu, bis sie an die Rückwand stieß. Daran konnten wir uns entlanghangeln, ohne die Orientierung zu verlieren.

Wir holten alle tief Luft und schickten Axel voraus. Als Kleinster hatte er den geringsten Luftwiderstand und damit auch den geringsten Heuwiderstand. Einer hinter dem anderen wühlten wir uns durch die Heuberge. Die Halme piksten und juckten auf der schweißverklebten Haut, das Atmen fiel uns schwer. Ich fragte mich, ob die Luft so dick war, weil sich in ihr lauter Geister aufgelöst hatten. Sicherheitshalber presste ich die Lippen aufeinander und hielt mir die Nase zu, weil ich weder einen toten Kettenhund noch Gespensterratten schlucken wollte. Aber natürlich ging das nicht lange gut. Ich lief rot an, meine Lunge drohte zu platzen, und ich schnappte wieder japsend nach Luft.

Doch luftgelöste Geister waren nicht die einzige Gefahr. Überall kreuchten fette Spinnen und raschelten Mäuse, vielleicht auch tollwütige oder zweiköpfige; die Wiesen wurden mit Isachwasser gewässert, und gekotzt hatte hier bestimmt auch schon mal jemand. In der Dunkelheit des Heus konnten wir die Viecher nicht sehen, wir spürten nur ihre huschenden Krallen auf der nackten Haut. Jede Sekunde erwarteten wir einen Biss und drängten Axel, schneller zu wühlen.

Mit jedem Atemzug sogen wir mehr Heu als Luft in die Lungen. Als wir endlich die Rückwand erreichten, waren wir von innen gestopft wie Vogelscheuchen.

Dummerweise gab es in der Wand weder Fenster noch Türen. Wir mussten zwei Bretter heraustreten, um auf keinen Fall von der Linie abzuweichen. Ohne Werkzeug blieben uns dafür nur Hände und Füße. Axel übernahm das, schließlich hatte er in letzter Zeit am meisten trainiert.

Dabei zog er sich einen langen Splitter an der Wade ein. Als sein großer Bruder und Beschützer riss ich das Holz mit einem Ruck wieder heraus. Dann husteten und spuckten wir das geschluckte Heu aus unseren Lungen, und hoffentlich auch jeden Fetzen Geist. Ich wollte auf keinen Fall beim nächsten nächtlichen Gewitter zu jaulen anfangen.

Axel hatte andere Sorgen. Während er sich letzte Blutstropfen vom Bein wischte, fragte er: »Gehört die Scheune dem Grobmayr?«

»Nein«, sagte Robbie, »dem Riedmüller.«

»Ist der nett?«, fragte Axel.

»Kommt ganz darauf an«, sagte Robbie, während ich vergeblich versuchte, die Bretter wieder in die Wand zu drücken. Eins war angeknackst, die Nägel verbogen, aus der Lücke in der Wand quoll Heu heraus.

»Schnell weiter«, befahl ich, und wir beeilten uns, um nicht Riedmüllers Nettigkeit testen zu müssen. »Ist kein Problem. Vom Schatz kaufen wir ihm zwei neue Bretter. Und Nägel. Und Heu, wenn das jetzt nass wird.«

»Auch wenn es nicht nass wird«, sagte Robbie großzügig. »Als Millionäre können wir uns so viel Heu leisten, wie wir wollen.«

»Als Multimillionäre«, korrigierte ich, und wir klatschten uns ab. Dann gingen wir im Gänsemarsch weiter, um weniger Spuren zu hinterlassen. Abgesehen von den Insekten und uns war die Savanne jedoch verlassen. Bei jedem Schritt suchten wir den Boden und die Pflanzen vor uns nach einem Mond ab.

»Wisst ihr, was komisch ist?«, sagte Axel, der in der Mitte ging. »Es gibt Millionäre und Milliardäre und Billionäre, aber keine Tausendäre.«

»Das ist nicht komisch, sondern logisch«, sagte ich. »Millionäre sind was Besonderes. Aber ein Tausendär ist fast jeder, da braucht es kein eigenes Wort dafür.«

»Ich nicht«, sagte Robbie. »Ich bin kein Tausendär.«

»Ich auch nicht«, sagte Axel.

»Ich auch nicht«, gab ich zu. »Aber Erwachsene, die richtig verdienen ...«

»Multitausendäre gibt es auch nicht«, unterbrach mich Axel. »Oder Hundertausendäre. Und Hunderttausend hat auch nicht jeder, oder?«

»Es gibt ja auch keine Zweimillionendreihunderttausendvierhundertzwölffünfzigäre, oder?«

Axel durchwühlte seine Hosentaschen und stellte kichernd fest, dass er gerade mal ein Dreiär war. Er fragte: »Wie teilen wir den Schatz eigentlich auf? Durch drei oder durch vier?«

»Durch vier«, sagten Robbie und ich gleichzeitig. Schließlich war Oskar auch ein Wandelnder Geist, daran änderte auch ein Fieber nichts. Außerdem wäre es blöd, wenn wir drei Millionäre wären und ein Nicht-mal-Tausendär. Dann müssten wir ihn immer zu allem einladen.

Die Sonne stand nun beinahe im Zenit und brannte so heiß, dass sie grüne Grashüpfer zu braunen ausdörrte. Die meisten Käfer kletterten auf der schattigen Unterseite der Grashalme herum. Heureste juckten überall auf unserer Haut, die trockenen Zungen klebten uns am Gaumen, und der nächste Schatten war fern. Wir zogen die T-Shirts aus, steckten sie in unsere Hosenbünde und gingen mit blankem Oberkörper weiter. Ein Mond war nirgendwo zu sehen.

»Was macht ihr eigentlich mit eurem Anteil?«, wollte Axel wissen.

»Ich kauf erst mal einen Kasten Cola und mach ihn in einem Zug leer«, sagte ich.

»Ich auch«, sagte Robbie. »Und dann eine *All-you-can-eat*-Karte für das Eiscafé Kristall in Oberkirchburg, die ein ganzes Leben lang gilt.«

»Gibt's das?«, fragte Axel.

»Mit genug Geld gibt's alles«, sagte Robbie. »Also kauf ich besser gleich vier Karten, für jeden von uns eine.«

»Dann kauf ich vier Dauerkarten für den Dädaluspark«, sagte Axel. »Und auf jeder steht, dass wir zwölf sind und mit dem Sky-Wheel fahren dürfen.«

»Aber zuerst kauf ich den ganzen Park und das Eiscafé und kassier euer ganzes Geld ein«, rief ich lachend.

Axel knuffte mich in die Schulter, Robbie sagte: »Und ich bestell bei den Schauerwerken in Niederrhode ein mechanisches Monster, das aussieht wie ich. Das geht für mich zu Familienfeiern, und Eleanor muss dann mit dem Monster spielen.«

Sofort wollten Axel und ich auch einen mechanischen Doppelgänger.

»Für die Schule«, erklärte ich. »Und wir holen uns ein altes Piratenschiff und segeln um die Welt und finden überall Schätze und Abenteuer und Freunde.«

»Und eine unbekannte Insel für unseren Unterschlupf!«, rief Robbie.

»Mit riesigem Sandstrand. Wie Italien.«

»Mit einer riesigen Totenkopfhöhle, wie sie Phantom hat. Nur mit vier steinernen Thronen.«

»Ich lass uns bei einem Goldschmied richtige Totenkopfringe machen«, sagte Robbie. »Ringe, über die Lionel nicht lacht.«

»Niemand lacht dann mehr über uns«, sagte ich. »Niemand sagt mehr, dass wir zu viel Fantasie haben.«

»Ich will meinen Ring aber behalten.« Axel sah auf seinen Daumen. »Das ist meiner.«

»Und das bleibt er«, sagte ich. »Aber du hast noch neun andere Finger, oder?«

Pläneschmiedend liefen wir weiter. Wenn wir den Schatz wirklich fanden, würde uns zum ersten Mal mehr von der Welt gehören als Lionel.

8. Kapitel

Durchs dornige Reich der Anderen

Völlig ausgedörrt erreichten wir das Dorf hinter Martin Thiels Haus, Lionels Adjutanten. Ausgerechnet durch das riesige Grundstück seiner Eltern führte die Schatzlinie. Doch es half nichts, wir durften sie auf keinen Fall verlassen. Nicht nur, weil wir sonst einen winzigen Hinweis übersehen könnten, sondern weil es eben so war. Für den wahren Weg zu einem Schatz gibt es keine Abkürzungen.

Ohne zu zögern, krochen wir in die meterhohe dicke Hecke, die ringsum gepflanzt war. In ihr hing ein kaputter Lampion mit aufgemaltem Smiley. Er grinste uns an wie ein ausgebleichter Totenschädel, der zur Abschreckung aufgehängt worden war. Mit etwas Glück war Lionels Gang noch in der Kirche oder schon wieder bei der Ruine des alten Ringler. Oder sogar auf der Polizeiwache.

»Wenigstens ist es keine Dornenhecke«, flüsterte Axel.

»Warum auch?«, gab Robbie zurück. »Martin ist ja auch kein Dornröschen, oder?«

Axel kicherte, und ich zischte: »Pst!«

Direkt hinter der Hecke und auf unserer Linie erwartete uns ein mannshoher Rosenstrauch. Von wegen keine Dornen.

Weiter hinten im Garten, auf der Rückseite des Hauses und ein Stück weit rechts von der Terrasse, lungerten Martin, Lionel, Henry und die anderen beiden auf fetten Holzsesseln herum. Sie schütteten literweise Cola mit Eisbergen in sich hinein. Unser Weg führte quer durch das Grundstück, etwa einen halben Meter an ihnen vorbei. Von wegen Glück.

»Und jetzt?«, flüsterte Robbie.

»Racheangriff?«, fragte Axel. Sein gesundes Auge blitzte.

»Zu viele«, sagte ich. »Der Schatz ist unsere Rache.«

»Und wie ...?«

»Pst«, befahl ich. »Wir warten, bis sie fertig getrunken haben.«

»Ich hab auch Durst«, murmelte Axel.

»Pst!«

Als sie fertig getrunken hatten, brachte ihnen Martins Mutter auf einem goldenen Tablett eine Runde Eis. Sie hatte die Haare hochgesteckt und trug über dem geblümten Sommerkleid eine weiße Schürze wie eine Serviererin.

Wir warteten.

Die Zweige kitzelten uns in Nase und Ohren.

Axel murrte: »Ich hab Hunger, ich will ein Eis.«

»Pst!«, zischte ich zum dritten Mal. Mein Mund war ganz trocken, mein Magen knurrte so laut wie eine Horde wütender ausgehungerter Tiger.

Lionels Gang besprach sich jetzt so leise, dass wir nur ein paar Worte aufschnappen konnten: *Kirche ... Schlüssel ... warten ... juckt mich ... blutige Nase* (gefolgt von fiesem Lachen) ... *Straßenspray ... Dung ... bitterer Hasensaft ... Playstation ... Nasensprenger ...*

Vielleicht hatten wir uns bei manchen Wörtern auch verhört. Irgendwann blökte Martin laut: »Fertig!«

Seine Mutter kam wieder über die Terrasse angetippelt und holte die leeren Kristallschalen und Silberlöffel ab.

»Das nächste Mal mehr Waffeln«, verlangte Martin.

»Wie heißt das?«, fragte seine Mutter.

Er blinzelte stumm gegen die Sonne.

»Wie heißt das, Schatz?«, wiederholte sie.

»Bitte?«, fragte er.

Sie nickte lächelnd und ging zurück ins Haus.

Wir warteten.

Die Beine schliefen uns fast ein.

Sie kam wieder raus und brachte der ganzen Gang noch eine Runde eisgekühlte Cola in Maßkrügen.

Martin fragte: »Danke?«

Seine Mutter nickte strahlend.

Wir knirschen mit den Zähnen. Axel versuchte verzweifelt, ein wenig Flüssigkeit aus den saftig grünen Blättern der Hecke zu saugen.

»Nicht! Die ist giftig«, zischte Robbie.

Axel ließ das Blatt los.

Aus unserem Versteck heraus konnten wir die linke Seite des Hauses überblicken, die Rückseite mit der roten Terrasse und den anschließenden riesigen Garten.

Martins Vater hatte vier Bauplätze nebeneinander gekauft, einen für das Haus, drei für den Garten. Eigentlich war das nicht erlaubt, aber das interessierte ihn nicht, sagte Pa. Und auch, dass Herr Thiel eben Beziehungen hatte. Weil Lionels Vater noch mehr Beziehungen hatte und schräg gegenüber gleich fünf Bauplätze gekauft hatte, besaß Herr Thiel nun doch nur das zweitgrößte Anwesen der Siedlung. Dafür hatte er das Haus höher gebaut, weshalb Lionels Vater den Schornstein höher mauern ließ. Daraufhin setzte Herr Thiel ein gewaltiges Spitzdach auf seinen, und jetzt wartete jeder im Dorf darauf, wie Herr Hartmann das nun wieder übertreffen wollte.

Hinter dem Fenster des linken Eckzimmers erspähten meine scharfen Phantomaugen eine Bewegung. Beinahe sofort erkannte ich Martins Vater, der dort auf und ab lief und telefonierte. Er trug einen Anzug, und ich lächelte bei diesem Anblick.

»Wartet mal«, flüsterte ich.

»Sehr witzig«, zischte Robbie, während Axel seine geschwollenen Lippen betastete und lispelte. »Ifd ein biffen daub, wie beim Pfanardfd ...«

»Wartet genau hier«, sagte ich noch mal und schlich in der Hecke entlang, bis ich ungesehen in den Garten schlüpfen konnte.

Herr Thiel arbeitete von zu Hause aus. Er hatte ein gewaltiges Vermögen mit Aktien und Sportwetten gemacht. So gewaltig, dass alle im Dorf beeindruckt von einem goldenen Näschen sprachen. Dabei setzte er immer auf Sieg oder Niederlage, niemals auf Unentschieden. Ma sagte, das tat er, weil er nicht unentschlossen wirken wollte. Und Pa sagte, er habe einfach wahnsinnig viel Glück mit Schiedsrichtern und Eigentorschützen.

Entscheidend war im Moment aber etwas anderes: Herr Thiel trug bei der Arbeit immer einen Anzug, auch zu Hause.

Immer.

Jeans und Poloshirt waren nur für den Feierabend. Seine Kinder durften ihn unter keinen Umständen bei der Arbeit stören: »Wenn ich den Anzug trage, bin ich nicht hier, verstanden? Dann bin ich unsichtbar für euch, verstanden?«

Martin und seine kleine Schwester Cinderella verstanden so gut, dass sie ihn auch auf Hochzeiten und anderen Feiern ignorierten, wo er ebenfalls einen Anzug trug.

Ich schlich unter das seitliche Fenster des Arbeitszimmers, das von Lionels Gang nicht gesehen werden konnte. Es war gekippt, und intensiver Rasierwasserduft schwappte heraus.

»Ist mir rille!«, knurrte Herr Thiel ins Telefon. »Und wenn es ein Dutzend Elfmeter geben muss! ... Lassen Sie mich mit den Regeln in Ruhe! Sie sind als Schiedsrichter doch für die Auslegung verantwortlich, Sie allein! ... Ist mir rille hoch drei! Ich will, dass der Deppenverein verliert, und das mit mindestens drei Gegentoren in der zweiten Halbzeit. Kriegen Sie das hin oder nicht?«

Das klang nach Wettbetrug! Von wegen goldenes Näschen und Glück mit den Schiedsrichtern. Aber ich hatte keine Zeit, länger zu lauschen, der Schatz wartete. Also verstellte ich meine Stimme und rief mit Martins schleppendem Tonfall hinein: »Hey, Vater, bringst du mir mal ein paar Waffeln raus?«

Herr Thiel verstummte am Telefon.

Ich schob ein gelangweiltes »Bitte?« hinterher, mit deutlich hörbarem Fragezeichen.

Martins Vater sagte ruhig: »Entschuldige, Franz-Joseph, ich ruf dich sofort zurück. Ich hab hier nur einen kleinen Fehler im System, um den ich mich kümmern muss. Dauert nicht lang.«

Blitzschnell ließ er das Handy in das Holster unter seiner Jacke gleiten. Niemand konnte ein Handy so schnell ziehen und wählen wir er, er war der Revolvermann unter den Geschäftsleuten. Mit einem Ruck öffnete er die Tür, holte tief Luft und brüllte: »Martin! Hierher! ASAP!«

Das war zumindest schon eine kleine Minirache. Ich eilte zurück zu Axel und Robbie.

Martin sprang auf die Terrasse und stand stramm, den Blick ins Haus gerichtet. Seine Kumpel standen auf und gingen mit ihm bis zum Rand der Terrasse. Ich war nicht sicher, ob sie ihn unterstützen oder einfach nur gaffen wollten.

»Findest du das lustig?«, grollte Herrn Thiels Stimme aus dem Schatten des Hauses.

»Was denn?« Martins Stimme zitterte.

Wir huschten los, solange alle abgelenkt waren, schnurgerade durch den Rosenstrauch. Die Dornen rissen überall unsere Haut auf, wir hatten vergessen, die T-Shirts wieder anzuziehen. Wir pressten die Lippen zusammen und schrien nicht. Robbie taumelte, sein rechter Fuß war eingeschlafen. Doch er fiel nicht.

Axel blieb mit dem linken Ohrläppchen an einem langen Dorn hängen. Als er sich losreißen wollte, bohrte sich der Dorn noch tiefer in sein Fleisch und setzte sich wie ein Angelhaken fest. Axel kämpfte sich weiter und riss den ganzen Ast mit fünf Blüten aus.

»Was? Du fragst mich ernsthaft: *Was?*«, grollte Martins Vater und übertönte damit Axels Zerren und Reißen. »Willst du mich veralbern? Das mit den Waffeln!«

»Aber ich hab doch schon bitte gesagt«, flehte Martin.

Wir glitten zu Boden und robbten wie Turboindianer hinter Cinderellas rosa-goldenem Planschbecken vorbei, unter der gepolsterten Schaukel hindurch und an der doppelt gewundenen Rutsche entlang. Axel schleifte noch immer den Ast am Ohr mit.

Als wir das hohe betonierte Podest des Grillplatzes erreichten, stießen wir auf Martins Schwester

Cinderella. Sie saß im Schatten und spielte mit zwei blond gelockten Puppen in Glitzerkleidern. Sie war höchstens fünf oder sechs und sah uns an. Mit klopfendem Herzen hoffte ich, sie würde nicht gleich losschreien.

»Bitte?«, donnerte es hinter uns. »Was soll das heißen – bitte?«

»Also ... ich ... Mama, sag ihm doch, dass ich bitte gesagt habe.«

Doch Frau Thiel blieb schweigend im Haus.

»Mama, bitte!«

»Stör mich nie wieder, wenn ich arbeite!«

»Aber ich hab doch ...«

»Kein *Aber*, verstanden?« Während Herr Thiel lautstark verkündete, was er von Widerspruch hielt, nämlich gar nichts, sagte Cinderella: »Dir wachsen Blumen aus dem Ohr.«

»Äh, ja ...«, nuschelte Axel

»Seid ihr Freunde von Martin?«

»Äh, ja ...«, murmelte ich.

»Gut, dann seid ihr auch meine Freunde.«

Erleichtert atmete ich aus.

»Ich hab dich lieb«, quäkte eine Puppe. »Willst du mich kämmen?«

»Freunde spielen miteinander«, sagte Cinderella und drückte Axel eine Puppe in die Hand. »Du bist ganz schrecklich arm und musst bitterlich weinen, und dann kommst du zu mir.« Sie hielt ihre zweite Puppe hoch. »Und ich bin ganz schrecklich reich und leih dir das Geld für ganz wenig Zinsen, weil ich nett bin.«

»Iff bin waff?«, nuschelte Axel.

»Spiel mit mir, ich hab dich lieb«, quengelte Cinderellas Puppe.

»Du sprichst aber komisch«, sagte Cinderella zu Axel.

Herr Thiel blökte noch immer hinter uns herum.

Ich stieß Robbie an, damit er weiterrobbte, solange ihn Cinderella nicht beachtete.

»Los, spiel«, drängte Cinderella.

»If will aber niffd fregglich arm fein«, sagte Axel.

»Du musst, weil ich bin nie die Arme. Also spiel«, befahl Cinderella und zog die Augenbrauen zornig zusammen. Sie sah aus wie ihr Vater.

Ich musste handeln. Sofort. Blitzschnell riss ich eine Blüte von Axels Ast. Leider grub sich der Dorn deswegen tiefer in sein Ohrläppchen. Axel zischte, aber ich konnte es nicht ändern. Ich, noch immer auf allen vieren, deutete eine Verbeugung an und überreichte Cinderella die Blüte. »Für eure großwohlgeborene Holdigkeit.«

Cinderella kicherte.

Herr Thiel brüllte noch immer. Beim Luftholen keuchte er wie ein Rennradler in den Alpen. Lange würde er nicht mehr durchhalten.

»Bei der Hitze ist es besser, du tust sie gleich in eine Vase«, sagte ich. »Sonst verdorrt sie.«

Cinderella sprang auf und rannte ins Haus.

Axel und ich krabbelten schneller als Phantoms Wolfshund Devil davon.

Die Puppe quäkte: »Ich hab dich lieb. Willst du mich kämmen?«

Wir krochen an den Holzsesseln vorbei, auf denen eben noch Lionels Gang gesessen hatte. Ich krallte mir zwei halb volle Colakrüge. Auf die Ellbogen gestützt, robbte ich weiter. Dabei verschüttete ich keinen Tropfen.

Wir tauchten in die Hecke zum nächsten Nachbarn, liefen fünf Meter diagonal durch sein Grundstück und sprangen über den Zaun auf die Straße. Wir hatten es geschafft!

Noch immer hingen vier Rosen an Axels Ohr.

Ich wollte sie ihm endlich rausziehen, aber er keuchte nur: »Durffd.«

Also tranken wir zuerst die beiden Krüge leer und stellten sie auf dem Fußweg ab.

»Nie wieder!«, brüllte Martins Vater völlig außer Atem. Eine Tür würde zugeschlagen.

»Jetzt zeig dein Ohr her«, verlangte ich, doch genau in dem Moment rief Lionel: »Hey, lasst uns zu mir gehen. Wir haben noch Eis.«

Das hieß, sie würden gleich bei uns auf der Straße stehen. Wir peilten die Schatzlinie an und sahen, dass sie direkt auf Lionels Grundstück zuführte, und hindurch. Fluchend rannten wir los.

9. Kapitel

Die Kastanie der zwanzig Ziegen

Lionels Eltern hatten früher beide in der Werbung gearbeitet, aber dann hatte Frau Hartmann irgendein Teil für Autohebebühnen erfunden und war damit Multimillionärin geworden. Seitdem mussten sie beide nicht mehr arbeiten und taten es auch nicht. Sie waren jetzt nur noch ehrenamtlich Vorstand der meisten Vereine von Falkenhofen. Trotz der Hitze stand Herr Hartmann gerade mit Badelatschen in der Einfahrt und putzte seine drei Autos. Mit einer Monokel-Lupe auf dem linken Auge suchte er jeden noch so kleinen Fleck und rubbelte ihn sorgfältig vom Lack. Das Radio lief laut, und er pfiff einen Werbejingle mit. Er war so vertieft, dass er uns nicht bemerkte.

Wir spurteten los und sprangen knapp zwanzig Meter neben ihm in die hohe Hecke. Wir sprangen mit aller Kraft, denn die Hecke war auch tief, und wir mussten ruck-zuck hindurchflutschen. Wir mussten schneller sein als bei Martin, wenn wir nicht erwischt werden wollten! Die Hände schützend vor dem Gesicht, tauchten wir in das Dickicht ein – und klatschten gegen einen tarngrünen Maschendrahtzaun.

Axel keuchte: »Feife.«

Irgendwo hinter uns trat Lionels Gang auf die Straße. Sie lachten, prahlten und klatschten sich ab. Martin tönte am lautesten.

Wir wälzten uns über den Zaun und wühlten uns durch das dichte Geäst. Alte Spinnweben und Blätter rutschten uns in die Münder, und wir spuckten alles aus. Axel erwischte auch eine Spinne und ein verlassenes Vogelnest.

Drinnen jagten wir schnurgerade über den ratzekurzen Rasen auf den Pool zu. Und auf Lionels Mutter, die vor dem Pool in einem Liegestuhl döste, eine große Sonnenbrille auf der Nase und einen noch größeren Cocktail auf dem Boden neben sich. Ohne nachzudenken, setzten wir über sie hinweg wie über eine Hürde und hechteten elegant in den Pool.

Nun ja, Robbie und ich hechteten elegant. Axel platschte bäuchlings ins Wasser und sank strampelnd bis zum Grund. Dort stieß er sich kräftig ab und kam mit dem Kopf an die Oberfläche. Er gurgelte und paddelte wie ein panischer Hund. Dann schluckte er Wasser und tauchte erneut ab. Robbie warf sich herum, packte ihn unter den Achseln und schleppte ihn lässig mit.

Robbie wurde von Oskar auch *der menschliche Außenbordmotor* genannt. Ich habe selbst gesehen, wie er sich einmal auf dem Chiemsee hinten an ein Schlauchboot gehängt und nacheinander ein Tretboot, eine Segelyacht und ein Motorboot überholt hat. Oskar saß jubelnd im Boot und feuerte ihn an, und Robbie war danach noch fit genug zum Kicken.

Und genauso war es jetzt: Robbie zog rückenschwimmend lässig an mir vorbei, meinen Bruder im Arm. Axel spuckte bei jedem Schwimmzug aus Rache in Lionels Pool.

Weil die beiden beschäftigt waren, musste ich nach einem möglichen Mond Ausschau halten. Ich kraulte mit offenen Augen und suchte die Bodenfliesen ab. Zum Glück entdeckte ich nichts. Hier hätten wir schlecht ungestört nach dem Schatz graben können.

Am Ende der Bahn stemmten wir uns aus dem Pool. Die nasse Kleidung hing uns traurig am Körper, die Rosen noch immer aus Axels Ohr.

Lionels Mutter war aufgewacht und nippte seelenruhig an ihrem Cocktail. Sie rief: »Hey, Jungs, Lionel ist nicht da. Kommt einfach später wieder, ja?«

»Ja!«

»Oder macht einen Termin ...«

Wir stürmten weiter, direkt in die rückseitige Hecke hinein.

»Nehmt doch die Tür, so viel Zeit ...«, ertönte es hinter uns, doch wir waren schon über den Zaun und davon. Wir durchquerten zwei verlassene Gärten, bis wir wieder auf eine Straße stolperten, direkt gegenüber von der mächtigen Kastanie der zwanzig Ziegen. Schwer atmend stützten wir uns auf den Knien ab und spuckten wie Fußballprofis auf den Boden.

»Jetzt zeig endlich her«, sagte ich und untersuchte Axels Ohrläppchen. Der Dorn hatte es vollkommen durchstoßen. Rings um das Loch klebte ein bisschen Blut. Wirklich nicht viel, aber er jammerte plötzlich herum: »Warum immer iff? Daff dud weh.«

»Weh?« Ich sah ihn abschätzig an. »Das ist wie Ohrringe stechen, und das machen kleine Mädchen, ohne rumzuflennen.«

»Aber die maffen ef beim Brofi.«

»Und Piraten?«, fragte Robbie. »Wo machen es Piraten?«

»Auf dem Fiff?«

»Auf welchem Fisch?«

»Nicht Fiff! Fiff!«

»Genau! Auf dem Schiff. Und hast du schon mal ein Piercingstudio auf einem Schiff gesehen?«

Axel schüttelte den Kopf.

»Das heißt also, die machen es selbst. So wie du. Und flennen Piraten?«

Axel schüttelte den Kopf.

»Also halt still, Kleiner«, sagte ich.

Robbie hielt Axels Kopf, und ich zog den Dorn heraus. Axel zuckte, drei lächerlich winzige Tropfen Blut flossen heraus. Ich tupfte sie mit einem Taschentuch aus Axels Hose ab. Das Loch war groß genug für einen fetten Piratenohrring.

»Aber Ma fagd, iff darf gein Bierfing haben«, sagte Axel. »Iff bin dfu jung.«

»Das war ein Unfall, da kann sie nichts sagen«, sagte ich, obwohl ich genau wusste, was sie alles sagen konnte und würde. Aber das war mein Problem, nicht seins. Ich war der Beschützer und schuld, er nur der Kleine.

»Daff fdimmd!«, stieß Axel glücklich hervor und machte die Siegerfaust. »Iff hab 'n Bierfing!«

Robbie nickte. »Ich darf auch nicht. Mama sagt, dass Ohrringe für Mädchen sind. Und Papa, dass sie zu teuer sind, ich soll mein Taschengeld lieber sparen.« Er brach ein Stück Rose mit einer Blüte und mehreren riesigen Dornen ab. »Aber ein Unfall kostet nichts.«

Ich starrte auf die restlichen Dornen in meiner Hand und dachte immer wieder: *Ein Unfall ist ein Unfall. Ein Unfall ist ein Unfall.* Den Anschiss würde ich wegen Axel sowieso kriegen.

»Iff hab 'n Bierfing, iff hab 'n Bierfing«, jubelte Axel und tanzte auf der Stelle. Das Taschentuch klebte von allein an seinem Ohr und hing wie eine weiße Flagge in der Windstille.

Robbie und ich starrten die Dornen an. Sie waren ziemlich groß. Natürlich hatte ich keine Angst, aber der Schatz ging vor. Also steckte ich die drei Blüten ein, Robbie seine eine auch.

Außerdem wollte ich lieber erst herausfinden, ob Ma Axel zwingen würde, sich das Ohrloch wieder zuwachsen zu lassen. Wenn nicht, könnte ich ja immer noch daheim in einen Dorn fallen.

»Nein, Mama! Das waren keine Freunde von mir!«, schrie Lionel in der Ferne mit überschnappender Stimme. »Wo sind sie hin?«

Die Stimme bedeutete Ärger, wir mussten hier schleunigst weg, ohne die Schatzlinie zu verlieren. Auf ihr eilten wir über die Straße zur Kastanie der zwanzig Ziegen. Sie war von mehreren mächtigen Bäumen umgeben, doch sie überragte alle. Ihr Stamm war so dick, dass er von sieben ausgewachsenen Männern nicht umfasst werden konnte. Sie war über fünfhundert Jahre alt und hohl. Den Namen hatte sie von einem Ziegendieb, der sich im Herbst 1748 mit zwanzig entführten Tieren in ihr versteckt hatte. 1959 schlug ein kalter Blitz in sie ein und hinterließ einen langen Spalt. Sie verbrannte nicht, doch seitdem gab ihr ein breiter dunkler Eisenring um den Stamm Halt.

An dem Ring zogen wir uns hoch, erwischten einen tief hängenden Ast und kletterten weiter hinauf, um nachzusehen, was Lionels Gang jetzt tat.

»Meind ihr, feine Mudder hat unf ergannd?«, fragte Axel.

»Nein«, sagten Robbie und ich.

»Und wenn doff?«

»Egal. Wegen der List mit dem Kirchenbild ist er sowieso schon stinkwütend auf uns. Hauptsache, er findet den Schatz nicht. Und das tut er nicht. Dafür muss man dem ganzen Weg folgen.«

»Effd?«, fragte Axel. »Daff verfdeh iff nifft.«

»Das ist eine Art Prüfung, eine Regel für Piratenschätze. Und deshalb hab ich keine Angst vor Lionel.«

»Er gann unf aber immer noff einf auf die Nafe geben, wenn wir den Fadff haben, und ihn unf einfaff abnehmen.«

»Das wollen wir sehen«, knurrte Robbie.

»Die find viel mehr.«

»Dann finden wir ihn eben im Geheimen. Ohne Zeugen.«

Bestimmt zehn Meter über der Erde erreichten wir eine bequeme Gabelung des Stamms und machten es uns bequem. Ich ließ mir von Axel das safarierprobte Fernglas geben. Knorrige Äste streckten sich in alle Richtungen, zahllose Blätter verdeckten die Sicht. Ich konnte nicht den kleinsten Fetzen von Lionels Garten überblicken.

»Gib mal her.« Robbie packte das Fernglas und stieg höher.

»Jetzt wieder ich«, sagte ich und stieg noch höher.

»Ich wieder.«

»Ich.«

»Ich.«

»Jetzt ich.«

»Und ich.«

Weiter und weiter kletterten wir hinauf, bis die Äste so dünn waren, dass sie unter unserem Gewicht wankten. Axel folgte uns, aber er bekam das Fernglas nicht.

»Du hattest es die ganze Zeit seit heute Früh«, sagte ich.

»Aber nur in der Daffe!«, protestierte er. »Iff hab niffd durffgefaud ...«

»Ist das unsere Schuld?«, fragte ich, und Robbie sagte: »Außerdem ist dein Auge noch geschwollen.«

»Iff gann mid dem andern guggen!«

»Meinetwegen«, sagte ich großzügig, und Robbie zuckte mit den Schultern. Durch den Aufstieg hatten wir eine Milliarde Blätter zwischen uns und den Boden gebracht, man konnte sowieso nichts erkennen.

Axel stieg höher und setzte das Fernglas an. Natürlich hielt er es viel zu hoch.

»Hey, falsche Höhe«, sagte ich.

»Aber hier find geine Blädder. Hier feh ich waf.«

»Lionel?«

»Nein. Eleanor.«

»Was?«

»Fie ifd gleich bei der jaulenden Hüdde.«

»Was?«, rief ich wieder und kletterte zu Axel hoch. Der Ast wankte wie im Sturm, und Robbie rutschte fluchend unter uns ab. Seine Hände schnellten in alle Richtungen zugleich, er war die menschliche Krake. Sofort hatte er sich wieder gefangen.

Ein Stück rechts unter uns krächzte es: »Verdammte Landratte!«

Ich hielt mich an Axels Schulter fest und griff mir das Fernglas. Tatsächlich! Eleanor stapfte quer über die grüne Savanne, die jaulende Hütte war nur noch wenige Meter von ihr entfernt. Sie hatte die Lippen entschlossen aufeinander gepresst. Sie war auf dem richtigen Weg! Und wir Trottel hatten die Stange für sie stecken lassen.

»Ich sag doch, die wird man nicht los«, knurrte Robbie von unten.

Viel weiter unten rief ein Mädchen: »Schau mal da! Die sitzen da immer im Baum!«

Wir verstummten und rührten uns nicht. Der Ast wankte noch immer.

War das Nina? Dann war Milena nicht weit. Hatten sie uns hochklettern sehen? Aber wieso *immer*? Wir waren selten hier im oberen Dorf, das war Lionels Revier.

»Da ist was!«

Ja, das war Nina. Wie konnte sie uns sehen? Oder hören? Wir hielten den Atem an und klammerten uns ganz eng an die Äste. Rinde bröselte unter meinen Händen, ein Zweig knackte.

»Und da!«, rief Milena. Waren sie allein, oder war jemand bei ihnen?

Schweigend warteten wir, aber sie verschwanden nicht. Im Gegenteil, wir hörten sie immer wieder.

»Da!«

»Und da!«

Wenn sie uns sahen, warum riefen sie dann nicht unsere Namen oder kamen hoch?

»Da!«

»Und da!«

»Komisch, dass die nicht richtig stinken.«

Stinken?

Wieso sollten wir stinken?

Stinken!

Ich wollte schon eine Kanonade wilder Beleidigungen nach unten schleudern, als ich begriff, dass sie gar nicht uns meinten. Sie suchten noch immer nach Papageiendreck.

»Verdammte Landratte!«, schimpfte es aus dem Geäst.

»Na? Was hab ich gesagt?«, rief Nina. »Hier ist immer einer.« Sie pfiff einschmeichelnd, um ihn vom Baum zu locken.

»Aber das ist der falsche! Der *Drecksack*-Schreier ist der mit dem Mond, nicht ...«

»Pst!«, zischte Nina, weil sich aus dem Siedlungsgebiet Schritte und lautes Gebrabbel näherten. Robbie und ich sahen uns an und verdrehten die Augen. Wir ahnten beide, wer das war. Robbie murmelte: »Murphy.«

Ich nickte.

Axel fragte: »Wer ift Mörfi?«

»Murphys Gesetz«, erklärte ich. »Was schiefgehen kann, geht auch schief.«

»Blödefdef Gefedf der Weld.«

10. Kapitel

Das verräterische Handy

Wie erwartet waren es Lionel und seine Jungs, die unter der Kastanie auftauchten. Er tönte: »Hey, Mädels, was macht ihr denn hier?«

»Äh, nichts …«

»Ihr wart heute früh auch beim alten Ringler«, sagte Martin.

»Ja, und?«

»Dann vergesst nicht, dass der Schatz uns gehört.«

»Pah«, sagte Nina angriffslustig. »Der gehört dem, der ihn zuerst findet.«

»Nein«, widersprach Lionel. »Immer dem, der ihn zuletzt findet. Wenn ihr schneller seid als wir, finden wir ihn bei euch. Und dann ist er zuletzt doch bei uns.«

»Ja, bei uns«, echote Henry.

Die ganze Gang lachte fies. Es war, wie Axel vermutet hatte.

Nina erwiderte nichts. Oder sie sprach so leise, dass wir es nicht hören konnten.

»Eins noch«, sagte Lionel. »Habt ihr hier kürzlich drei Jungs vorbeikommen sehen? Meine Mutter hat gesagt, die suchen mich, wusste aber nicht, wer ...«

In genau diesem Moment ging das, was schon schiefgegangen war, noch schiefer: Mein Handy klingelte.

»Verdammte Landratte!«, schrie der Papagei entrüstet.

»He! Wer ist da?«, rief Lionel.

Das Handy klingelte und klingelte und wurde mit jedem Klingeln lauter. Eingepfercht zwischen drei Ästen, versuchte ich verzweifelt, es mit zwei Fingern aus der Hosentasche zu fischen.

»Verdammte Landratte!«

»Die Sau hol ich runter!«, rief Martin. Eine geschleuderte Kastanie durchbrach die Blätter weit unter uns. Wir waren zu hoch.

Das Handy klingelte inzwischen so laut wie ein Presslufthammer.

»Wir haben Zeit!«, rief Lionel, um gleich darauf zu drängeln: »Also komm runter! Und ich meine nicht das nutzlose Federvieh!«

»Ich schon!«, rief Martin, und die nächste Kastanie schlug durchs Gehölz.

»Wenn ihr nicht zu dritt seid, passiert euch nichts!«, versprach Lionel, aber das half uns natürlich nicht weiter. Wir glaubten es auch nicht.

Endlich hatte ich das Handy heraus und drückte es ans Ohr. Wenn ich Ma wegklickte, rief sie eine Minute später wieder an. Wenn ich dann nicht ranging, eine halbe Minute später noch mal. Danach ließ sie das Handy orten und schickte den ersten Suchtrupp los – im besten Fall Pa, im schlechtesten Herrn Kommissar Kuntz.

»Ja?«, fragte ich so leise, dass man mich von unten nicht hören konnte.

»Hallo Schatz«, sagte Ma. »Geht es euch gut?«

»Kommt sofort runter, oder wir machen euch platt!«, rief Lionel.

»Prima«, sagte ich leise.

»Was war das?«, fragte Ma.

»Ach, nur ein Junge, der mit uns bolzen will.«

»Aber immer schön im Schatten, ja?«

»Klar sind wir im Schatten. Mehr Schatten als hier geht gar nicht.«

»Sehr schön«, lobte Ma. »Ich wollte nur rasch vor dem Mittagessen anrufen und dich bitten, Axel daran zu erinnern, dass er neulich auf Pistazien seltsam reagiert hat. Die letzten Ergebnisse der Allergietests kommen erst nächste Woche, aber bis dahin soll er bitte vorsichtig sein. Wir wollen doch nicht, dass ihm die Zunge anschwillt oder so?«

»Äh, nein«, sagte ich.

»Verdammte Landratte!«

»Danke. Dann amüsiert euch schön weiter. Ich hab euch lieb«, sagte Ma und legte auf.

Ich stellte das Handy auf Vibrationsalarm und steckte es weg.

»Hey!«, brüllte Lionel. »Ich weiß, dass das Handy nicht dem Papagei gehört! Kommt ihr runter, oder müssen wir euch holen?«

Weitere Kastanien klatschten durch die Blätter.

Axel murmelte: »Feife.« Die Schwellung um sein Auge hatte eine ziemlich dunkle Färbung angenommen. »Und jedfd?«

»Jetzt müssen wir schneller sein als die«, sagte ich.

»Iff denge, ein Wandelnder Geifd fliehd niffd?«

»Nur wenn es sein muss«, zischte ich und kletterte leise wie ein unsichtbarer Ninja ein Stück hinab. »Außerdem fliehen wir nicht, wir müssen sowieso in die Richtung.«

»Wir können den Baum auch fällen!«, drohte Lionel.

Der Papagei flatterte laut krächzend davon. »Verdammte Landratte!«

»Da!«, rief Milena, und Nina: »Pssst!«

»Das müssen die drei sein!«, rief Henry. »Sonst würden sie sich zeigen.«

»Ich steig da jetzt echt hoch!«, rief Martin.

Wir hörten Blätter rascheln und Äste unter seinem Gewicht ächzen. Er war nicht der Hellste, aber vielleicht ahnte er inzwischen, dass die drei Jungs, die durch Lionels Garten gestürmt waren, ihm den Ärger mit seinem Vater eingebrockt hatten. Eben jene Jungs, die auf der Kastanie der zwanzig Ziegen festsaßen. Wenn sie es doch nicht gewesen waren, würde er ihnen trotzdem die Schuld geben. Anderen die Schuld zu geben, war eine Art Hobby von ihm.

Er durfte uns nicht nur nicht erwischen, er durfte uns nicht mal erkennen. Sonst würde er uns im ganzen Dorf jagen.

Hastig banden wir uns die T-Shirts vors Gesicht wie Banditen ihre Halstücher.

Dank meines phantomänalen Orientierungssinns wusste ich auch in dieser Höhe, wo die Schatzlinie verlief. Wir nahmen den ersten fetten Ast, der in dieser Richtung verlief, und huschten wie schleichende Panther auf ihm entlang.

Das Rascheln und Knacken unter uns wurde lauter und wilder. Das konnte nur bedeuten, dass Martin Unterstützung bekommen hatte.

Mein Herz schlug schneller.

Lionel rief: »Fünfzig Euro für den, der mir die drei Idioten runterschleift!«

»Du kannst doch kein Kopfgeld aussetzen!«, protestierte Milena entrüstet.

»Doch, *ich* kann.« Lionel betonte das Ich besonders, seine Gang lachte.

Es war, als wären wir Geächtete wie Robin Hood und Lionel der fiese Sheriff von Falkenhofen. Vor meinem geistigen Auge sah ich schon überall Steckbriefe hängen – *Lebend oder tot* –, so wie im wilden Westen. Wir waren die Rebellen, und Lionel befehligte das böse Imperium.

»Komm, wir verschwinden von hier. Mit dem will ich nichts zu tun haben«, sagte Nina zu Milena, und das war auch unser Plan. Weiter und weiter krochen wir den Ast entlang, so leise und schnell wie möglich. Er wurde dünner und dünner und bog sich bedrohlich unter unserem Gewicht.

»Halt«, raunte ich den anderen zu. »Einer nach dem anderen. Ich schau erst, ob es sicher ist.«

Vorsichtig tastete ich mich voran. Blätter strichen mir übers Gesicht. Schon bald bog sich der Ast so steil hinab, dass ich fast kopfüber hing. Doch ich musste das äußerste Ende erreichen, denn das reckte sich bis in die Nachbarkastanie hinein. Die hatte keinen

Namen, war aber eine Tochter der Kastanie der zwanzig Ziegen.

Kurz vor dem Ziel knackte der Ast bedrohlich, und ich musste in Millisekundenbruchteilen reagieren. Ich drückte mich mit beiden Beinen ab und sprang, die Hände schützend vor dem Kopf ausgestreckt. Mit einem Affenzahn glitt ich zwischen die Zweige des Nachbarbaums, Blätter schlugen mir ins Gesicht. Mit aller Kraft krallte ich mich am ersten größeren Ast fest. Er wippte wild auf und ab. Martin und die anderen Trampel lärmten jedoch so laut, dass ich nicht zu hören war. Schnell zog ich mich weiter Richtung Stamm zurück, und Axel und Robbie wechselten ebenfalls den Baum.

Sicher waren wir aber auch hier noch nicht, wir mussten sofort weiter. Auf der Schatzlinie durchquerten wir die namenlose Kastanie und katapultierten uns auf den nächsten Baum in der Reihe, eine ausladende Buche.

Direkt am Stamm hing ein fettes Baumhaus, in das wir durch ein Fenster kletterten. Hinter uns schrien Lionels Jungs durcheinander.

»Wo steckt ihr?«

»Hast du sie?«

»Da ist ... nein, doch nicht.«

»Das Klingeln war hier!«

»Nein, hier!«

Lionel schrie von unten: »Sechzig Euro, Jungs! Sechzig!«

Mit klopfenden Herzen untersuchten wir die bekritzelten Wände, entdeckten jedoch keinen Mond. Wir fanden keine versteckte Botschaft und schon gar keinen Schatz.

Hastig zeichnete ich Phantoms Totenkopf an die Decke. Robbie löste das Kletterseil vom Eingang und knotete eine Schlaufe an das eine Ende. Zum Tragen schlang er es sich um den Oberkörper. Wir verließen das Baumhaus durch das gegenüberliegende Fenster.

Letztes Jahr hatte sich Robbie zum Geburtstag einen Ausflug in die nahe Westerncity *El Dorado* gewünscht. Sein Vater hat es ihm versprochen, weil er dachte, dort könnte er selbst prima pokern und Whiskey trinken. Dann hat er aber doch schon am Vortag gebechert und gepokert und das ganze Geld für den Ausflug verspielt.

»Macht aber nichts«, stellte er am Geburtstagsmorgen fest. »Das Westernkaff ist sowieso nur eine Touristenfalle. Du als Kind hast doch mehr Fantasie als diese Freizeitparkdeppen, oder?«

Er schenkte Robbie ein rostiges Hufeisen und einen langen Kälberstrick zum Lassospielen.

Robbie nahm den Strick und seine Fantasie und spielte mit Oskar stundenlang Cowboy und Mustang. Sie spielten, bis der Mustang Oskar schlapp machte. Sein Hals war knallrot, sein Rücken krumm: Robbie hatte ihn tausendmal mit dem Lasso gefangen und sich in den nicht vorhandenen Sattel geschwungen. Seitdem sagte Oskar dauernd: »Ich hoffe, Robbie bekommt zu Weihnachten keine Sporen.«

Jetzt zahlte sich das Lassotraining aus. Neben der Buche stand kein weiterer Baum in unserer Richtung, sondern der alte Baumgartlhof. Er war schon längst verlassen, nur manchmal verirrte sich eine Nachbarskatze hinüber.

Vom äußeren Ast warf Robbie die Schlaufe über den Schornstein und knotete das andere Seilende in die Buche. Geschickt wie Zirkusartisten balancierten wir nacheinander hinüber. Unter uns gähnte ein gewaltiger Abgrund von zehn oder sogar hundert Metern Tiefe.

Bei der Kastanie stand mit dem Rücken zu uns ein einsamer Lionel und fuchtelte mit den Armen. »Siebzig Euro, Jungs! Siebzig!«

Von Nina und Milena fehlte jede Spur.

Irgendwo im Laub jammerte Martin: »Aber die müssen doch hier sein! Die können sich doch nicht in Luft auflösen!«

Doch, die Wandelnden Geister können, wenn sie müssen.

»Vielleicht war das mit dem Handy doch der Papagei?«, rief ein anderer. »Die können auch reden.«

»Idiot!«

»Achtzig Euro, Jungs! Achtzig!«

Unbemerkt erreichten wir das Dach des Hofs und kletterten auf allen vieren über den First hinweg. Die Dachziegel waren alt und voller Moos. Hier drüben konnte uns Lionel nicht mehr sehen. Erleichtert atmeten wir durch und klatschten uns grinsend ab.

Dann starrten wir in die baumlose Tiefe vor uns. Wir hatten keine Ahnung, wie wir von dem Dach wieder herunterkommen sollten.

11. Kapitel

Der furchtbare Fluch des toten Bauern

»Axel könnte in die Buche zurückklettern und dort das Seil losknoten«, schlug Robbie vor. »Dann können wir zwei hier vom Schornstein daran runter.«

»Und iff?«, fragte Axel.

»Du wartest, bis Lionels Gang verschwunden ist. Dann zurück in die Kastanie und ...«

»Und wenn fie befliefen, inf Baumhauf dfu gehen?«

»Wie denn? Das Seil hängt hier am Schornstein.«

»Aber iff ...«

»Ja, schon gut«, lenkte Robbie ein. Er wollte Axel nicht zurücklassen, es war nur eine erste Idee gewesen.

Flüsternd suchten wir nach einer zweiten und dritten und vierten, aber uns wollte keine Möglichkeit einfallen, wie wir drei und das Seil zugleich auf dem Dach sein konnten. Es war wie ein Rätsel, das keine Lösung hatte.

Die Sonne knallte aufs Dach, die rostigen Steigeisen für den Schornsteinfeger und die löchrigen Regenrinnen glühten. Mit unserem Schweiß tränkten wir das trockene Moos.

Wir lagen direkt unterhalb des Firsts und rätselten und grübelten so lange, bis sich die Schwellung in Axels Mund zurückbildete, und kamen doch nur auf eins: Wir mussten warten, bis Lionel verschwunden war.

Jenseits des Dachs rief der gerade: »Hundert Euro, Jungs! Hundert!«

Erst in dem Moment wurde mir richtig bewusst, wo wir festsaßen. »Wisst ihr, was für ein Hof das ist?«

Robbie wurde bleich und nickte.

Axel riss entsetzt die Augen auf. »Vom Grobmayr?«

»Nein. Schlimmer«, sagte ich. »Hier ist der Baumgartl vor Jahren ins alte Futtersilo gestürzt.«

»Oder eher gesprungen«, raunte Robbie. »Weil er pleite war. Total verschuldet. Er wusste keinen anderen Ausweg mehr. Und weil die ganzen Schulden auf dem Hof liegen, will ihn keiner haben.«

»Und der Fluch«, sagte ich, weil ich die ganze Geschichte natürlich kannte. »Weil der Fluch auf dem Hof liegt.«

»Der auch.« Robbie nickte.

»Was für ein Fluch?«, stieß Axel hervor.

»Der vom toten Baumgartl«, erklärte Robbie mit rauer Stimme. »Seine allerletzten Worte waren: *Ich konnte mit dem Hof nicht glücklich werden, und so soll es jedem ergehen, der es versucht!* Der Hof bringt nur Pech und Tod.«

»Aber es gibt doch gar keine Flüche«, murmelte Axel. »Oder?«

»Ich wär da nicht so sicher«, sagte ich. »Drei Leute von außerhalb wollten den Hof kaufen. Der Erste hatte auf dem Weg hierher einen Unfall, sein Auto hat sich mehrmals überschlagen. Es war reines Glück, dass er unverletzt geblieben ist. Aber er hat sich Hals über Kopf in die Ärztin verliebt, die ihn untersucht hat, und lebt jetzt bei ihr. Die zweite wurde auf einer Autobahnraststätte von einem tollwütigen Hirsch gebissen, hat das als Warnung genommen und sofort umgedreht.«

»Aus dem tollwütigen Hirsch haben sie sogar eine Fernsehserie gemacht«, sagte Robbie.

»Und die Frau?«, fragte Axel.

»Hat die Drehbücher für die Serie geschrieben und noch drei Bestseller. Sie ist stinkreich und längst wieder gesund. Jeden Freitag isst sie aus Rache Hirschbraten.«

»Der dritte hat sich völlig verfahren«, sagte ich, »und versehentlich einen viel größeren Hof bei Niederrhode gekauft.«

Verwirrt starrte Axel uns an. »Aber ... aber keiner der drei ist tot. Die leben glücklich! Was ist das für ein billiger Fluch? Der kann ja gar nichts!«

Er hatte es einfach nicht verstanden. Die drei hatten gerade noch die Kurve gekriegt, bevor sie in die Fänge des Baumgartlhofs geraten sind. Ihr Glück war, den Hof nicht bekommen zu haben.

»Das denkst du dir bloß aus!«

»Nein.« Robbie schüttelte den Kopf. »Verflucht ist der Hof, nicht der, der ihn kaufen will. Und schau dir doch den Hof an. Er ist komplett verfallen.«

»Nachts spukt hier der tote Baumgartl«, ergänzte ich. Es gab wirklich ziemlich viele Geister in Falkenhofen.

»Echt?« Axels Blick huschte zu dem schiefen verwitterten Silo hinüber, das am hinteren Ende des Grundstücks kauerte.

»Ja.«

»Wann und wo genau? Ich will ihn auf keinen Fall einatmen.«

»Am Silo. Jede Nacht um 23:47 Uhr. Genau dreizehn Minuten vor der Geisterstunde, weil dreizehn die Unglückszahl ist, und der Hof Unglück bringt.«

»Und weil er schon zu Lebzeiten immer überpünktlich war«, sagte Robbie.

»Und weil er immer Erster sein wollte. Es immer anders machen als alle anderen.«

»Aber vor allem, weil er genau um 23:47 Uhr gestorben ist. Auf die Sekunde.«

»Woher weiß man das?«

»Er hatte so ein Band, um die Fitness-Daten zu messen. Für seine Krankenkasse. Um 23:47 Uhr brachen alle Werte ab.«

»Seine Armbanduhr ist da auch stehen geblieben«, sagte Robbie. »Alle Katzen in der Gegend haben einen Heidenlärm veranstaltet, und so wurde er noch in der Nacht gefunden. Der Vollmond hing gespensterbleich und tief über dem Silo.«

Ich nickte gewichtig. So hatte ich es auch gehört: *gespensterbleicher Vollmond.* Plötzlich wurde mir etwas klar. Ich sah die beiden an, und sie mich und sich und jeder jeden, weil wir alle dasselbe dachten.

Vollmond.

Zum Mond schießen.

Der Hof lag auf der Schatzlinie. Er war verlassen und wurde wegen des Fluchs von allen gemieden.

Niemand würde hier irgendetwas suchen, er war das perfekte Versteck. Wir mussten unbedingt hinein!

Auf allen vieren suchten wir das Dach nach einem Schwachpunkt ab. Im dichten Moos lauerten scharfzangige Hirschkäfer und säurepinkelnde Ameisen. Abseits der Moose lauerte die Hitze, denn das Dach war mit schwarzen Biberschwänzen gedeckt. Weil Schwarz Hitze anzog, glühten die blanken Ziegel in der Sonne wie Herdplatten. Um uns nicht die Haut zu verbrennen, bewegten wir uns nur auf den Schuhspitzen und Fingernägeln fort.

Am hinteren Ende des Dachs fanden wir schließlich eine Stelle, wo Zeit und Stürme drei, vier Ziegel aus dem Dach gerissen hatten. Das Loch war zu klein, wir passten nicht hindurch. Und die glühenden Biberschwänze am Rand waren zu heiß, um einfach weitere abzutragen.

Wir umwickelten die Hände zum Schutz mit unseren T-Shirts, doch der Stoff war zu dünn. Dummerweise hatte Axel nicht daran gedacht, Topflappen einzustecken. Robbie fragte ihn, wozu er überhaupt die tausend Taschen in der Hose habe, und ich entwickelte wieder einmal einen Plan. In Motoren wurde Wasser zum Kühlen benutzt, und das Prinzip konnten wir auch hier anwenden. Flüssigkeit war Flüssigkeit, und so ließen wir unseren in Strömen fließenden

Schweiß auf die Ziegel herabtropfen. Zischend verdampfte er zu Schwaden, wir atmeten sie ein und schwitzten alles sofort wieder aus. Der Schweiß tropfte und tropfte und senkte mit jedem Tropfen die Temperatur der Biberschwänze. Irgendwann waren sie so abgekühlt, dass wir sie gefahrlos herausnehmen konnten.

Durch das erweiterte Loch erreichten wir einen Balken ganz oben in der Scheune. Darunter war nichts, nur schwindelerregende Tiefe bis zur grauflekkigen Betonfläche am Boden. Erst weiter vorn, etwa in der Scheunenmitte, traf der Balken auf einen Zwischenboden. Von dem führte eine Leiter nach unten. Dort mussten wir hin!

Wir kletterten den wurmstichigen Balken entlang, Robbie voraus, Axel in der Mitte, ich hintendran. Die abgestandene Luft direkt unter dem Dach war stickig und wüstenheiß. Sie roch nach Geistern wie in der jaulenden Hütte.

Zwei mickrige Meter hatten wir noch bis zur sicheren Leiter, als Axel plötzlich das Gleichgewicht verlor. Er rutschte über die rechte Balkenseite hinab und schrie.

Auch ich schrie: »Axel!«

Alles lief schrecklich langsam ab, fast wie in Zeitlupe, und doch war ich zu langsam. Ich warf mich nach vorn, meine Rechte nach ihm ausgetreckt, aber ich bekam ihn nicht zu fassen. Er flutschte durch meine Finger, und ich schrie erneut: »Axel!«

Robbie wirbelte auf dem Balken herum, aber zu spät.

Weit, weit unten wartete der fleckige Betonboden auf Axels Aufprall. Niemand außer dem echten Phantom könnte einen solchen Sturz überleben.

Axels Hände griffen rudernd ins Leere, und seine Füße strampelten hilflos, als er vom Balken rutschte. Da verhedderte sich sein Ohr an einem rostigen Haken im Holz. Für einen winzigen Augenblick hing Axel an seinem frischen Ohrloch fest und stürzte nicht, und dieser winzige Augenblick genügte uns. Robbie und ich erwischten ihn an Schulter und Armen und zogen ihn zurück auf den Balken.

Axel zitterte, aber er war gerettet. Vorsichtig kletterten wir zur Leiter und an ihr hinab.

»Hast du eigentlich dein ganzes Leben vor dir ablaufen sehen?«, fragte ich. »Man sagt doch, dass das passiert, wenn man in den Tod stürzt.«

Axel schüttelte stumm den Kopf. Er atmete noch immer schneller.

»Er ist ja nicht in den Tod gestürzt«, sagte Robbie. »Er lebt noch.«

»Gerade so.«

Wir kamen unten an, und Axel fragte: »Wenn das mit den ablaufenden Erinnerungen stimmt, fallen alte Leute dann eigentlich langsamer als junge? Sonst haben sie ja gar keine Zeit für ihr ganzes Leben.«

»Du bist schon ziemlich schnell gefallen«, sagte ich.

»Vielleicht werden alte Leute genau deshalb vergesslich?«, vermutete Robbie. »Was übrig bleibt, passt alles in einen Sturz.«

»Stimmt«, sagte Axel. Dann deutete er grinsend auf sein Ohr. »Wenn ich den Eltern erzähle, dass das Ohrloch mein Leben gerettet hat, darf ich es bestimmt behalten.«

Ich schüttelte heftig den Kopf. »Sag ihnen bloß nicht, dass du fast gestorben wärst. Sonst lassen die dich nicht mehr raus, egal ob mit oder ohne Ohrring.«

»Fürs Beinahesterben kriegt man Hausarrest?«

»Keinen Arrest«, sagte ich. »Schutzhaft. Damit dir nichts passiert.«

»Könnte aber auch schlimmer kommen«, sagte Robbie mit rauer Stimme.

Axel traute sich nicht nachzufragen. Er versprach einfach, nichts zu sagen.

Es war kein Problem, von der Scheune in den verlassenen Stall zu kommen, und vom Stall in den ebenso verlassenen Wohnbereich. Dort standen nur noch wenige Möbel herum. Manche waren mit alten Laken verhangen, die anderen verstaubt. Das Küchenfenster war eingeschlagen, mehrere Wände voller Graffiti. Die Dielen knirschten wie Raubtierzähne, die Türen quietschten geisterhäuslich. Irgendwo war ein Kratzen zu hören wie von winzigen Krallen auf Stein. Als würden Ratten in den Wänden leben.

»Das geht doch gar nicht«, sagte Axel. »Das denkt ihr euch aus!«

»So wie Flüche?«, fragte Robbie.

»Oder Geister?«, fragte ich.

Axel wollte lachen, brachte aber nur einen kümmerlichen Husten heraus.

Irgendwo schlug eine Tür. Wir wirbelten herum und hoben unsere Fäuste mit den Totenkopfringen. Nichts und niemand war zu sehen.

»Ist noch nicht 23:47 Uhr«, sagte ich, und wir lachten. Furchtlos gingen wir weiter und stiegen die Treppe hinauf in den ersten Stock. Die Stufen knarzten altersschwach.

Draußen fuhr ein Auto vorbei, von Lionels Gang hörten wir nichts.

»Der nächste Raum liegt haargenau auf der Schatzline«, flüsterte ich und stieß die Tür mit einem Karatekick auf.

Uns stockte der Atem, und das nicht wegen der stickigen Luft. Ein großes Stück der dunklen Tapete war von der Wand gerissen worden – oder genagt. An der Stelle schimmerte weißes Mauerwerk hervor. Es hatte die perfekte Form eines sichelförmigen Monds.

Daneben hingen die letzten Fetzen eines Posters: ein Vollmond über dem Mast eines Segelschiffs.

Zwischen die beiden Monde hatte jemand einen fetten schwarzen Pfeil gemalt, der zum Fenster hinausdeutete.

Ich ballte die Faust. Wir waren noch immer auf der richtigen Spur. Egal, wie schwierig es der alte Ringler gemacht hatte, wir ließen nicht locker. Axel und Robbie legten mir den Arm um die Schultern.

»Du hattest recht«, murmelte Robbie beeindruckt. »Du hattest wirklich recht.«

12. Kapitel

Die rotierenden Klingen des Todes

Der Pfeil zwischen den beiden Monden zeigte zum Fenster hinaus, und so kletterten wir raus und an der rostigen Regenrinne hinunter. Erst Robbie, dann Axel, dann klingelte mein Handy.

Schon wieder.

»Geht's euch gut?«, fragte Ma.

»Ja«, sagte ich und blickte Axel hinterher, der sich gerade den rechten Zeigefinger zwischen Regenrinne und Hauswand einklemmte. Er verzog das Gesicht vor Schmerz, doch zum Glück schrie er nicht. »Wir sind im Schatten.«

»Gut, gut, aber deswegen rufe ich nicht an. Frau Kuntz hat mir eben erzählt, dass es auf dem Grundstück des alten Herrn Ringler zu Vandalismus gekommen ist. Dass dort Jugendliche unbefugt eingedrungen sind. Seid also bitte vorsichtig, egal, wo ihr seid, ja? Lasst euch nicht von dem Zeitungstestament verrückt machen und haltet euch von dort fern, ja?«

»Wir sind immer vorsichtig«, versprach ich ganz allgemein. Mehr versprechen konnte ich nicht, ich wusste ja nicht, ob uns die Schatzsuche noch mal zurück zur Villa führen würde.

Zur Sicherheit kreuzte ich dabei die Finger, und Axel tat es auch, um mich zu unterstützen. Er tat es mit beiden Händen, verlor den Halt, flutschte die letzten anderthalb Meter ungebremst an der Regenrinne hinab und klatschte auf den Boden. Katzengleich rollte er sich ab, nur leider zu weit: Er rollte in einen Stachelbeerstrauch. Die Finger hielt er noch immer gekreuzt. Diesmal bohrten sich keine Dornen in sein Ohr.

Um Ma vom alten Ringler abzulenken, wiederholte ich: »Wir sind im Schatten.«

»Sehr gut«, lobte sie. »Und vergiss wirklich nicht, vorsichtig zu sein, Schatz.«

»Tu ich nicht«, sagte ich, legte auf und schwang mich aus dem Fenster.

Der Pfeil führte uns über die Hauptstraße zum Dorfrand. Beim Supermarkt blieben wir stehen, der fette weiße Pfeil auf dem Parkplatzschild deutete nach rechts. Sollten wir ihm folgen?

»Gilt nicht«, sagte ich. »Die Schatzlinie führt einen halben Meter daran vorbei.«

»Nur am Pfeil, nicht am Schild«, sagte Robbie. »Der äußerste Rand ragt bis auf die Linie rein.«

»Es geht um den Pfeil!«

»Um das Schild!«

»Pfeil!«

»Schild!«

Wir streckten die Brust raus und standen Nase an Nase. Oder eher Nase an Kinn, bis ich mich auf die Zehen stellte, um genau so viel recht zu haben wie Robbie.

Axel fragte: »Wo auf dem Schild ist eigentlich der Mond?«

»Der Punkt im P. Beinahe ein Vollmond« knurrte ich, obwohl das überhaupt nicht wie ein Mond aussah. Aber Robbie und ich waren der Boss, wir durften entscheiden. Und wir entschieden, dass der Pfeil doch nicht galt, weil er nicht so eindeutig war wie alle bisherigen Hinweise.

Trotzdem bogen wir erst mal rechts ab, um uns im Supermarkt drei Flaschen Cola zu kaufen. Wir waren völlig ausgedorrt.

Die klimatisierten Gänge waren wundervoll frisch. Robbie steckte zur Abkühlung den Kopf sogar in eine Eistruhe, und Axel und ich taten es ihm nach. Axel presste sein geschwollenes Auge auf eine Tüte Pommes.

Außer uns war niemand da. Die Filialleiterin Frau Wiblishauser klebte mit verkniffenem Gesicht einen orangenen Aufkleber *Sonderpreis* auf hunderttausend Artikel. Fast alles war reduziert, *jetzt mit 20 % mehr Inhalt,* oder man zahlte zwei und bekam drei.

Nur die Cola kostete so viel wie immer. Das war zu viel, weil wir jetzt noch drei Eis wollten. Also nahmen wir stattdessen drei Anderthalbliterflaschen vom allerbilligsten Wasser.

Ma sagte immer, das Allerbilligste sind *no-name*-Marken, aber ich wusste nicht, wie *no name* aussehen soll. Ein Fragezeichen auf der Packung?

Eine Null?

Oder einfach Platzhalter-Striche wie bei *Hangman*? Aber ein Kein-Name hätte logischerweise auch keine Buchstaben, und damit null Platzhalter, also null Striche.

Eine leere weiße Fläche?

Eine unbeschriftete Verpackung hatte ich noch nie gesehen, nur wenn wir Eier und Milch direkt beim Bauer holten. Aber der war auch keine Marke, sondern ein Mensch. Er hieß Huber.

Unser Wasser hatte auch einen Namen, nur habe ich den inzwischen vergessen.

Vor der Kasse warfen wir unser Geld zusammen. Axel hatte drei Euro, ich einen Euro zweiunddreißig und Robbie ein Fünf-Cent-Stück, das er auf der Straße gefunden hatte. Axel protestierte, dass er so viel zahlen musste, und Robbie, dass wir ihm etwas ausgaben.

»Schnauze!«, sagte ich zu beiden und bezahlte. »Einer für alle, und alle für einen. Ich bin der Boss!«

Robbie war so beschämt, dass er zum ersten Mal vergaß zu sagen: »Wir sind der Boss!«

Axel bekam das ganze Wechselgeld: achtzehn Cent.

Vor der Tür sagte er: »Das kann man gut durch drei teilen«, und gab jedem von uns sechs Cent. Robbie wollte es nicht annehmen, aber Axel fauchte: »Einer für alle, wir teilen! Sonst werf ich's weg!«

Weil Robbie wusste, dass Axel das ernst meinte, steckte er die sechs Cent ein. Er hatte jetzt mehr als vor dem Einkauf und murmelte: »Ich will nicht mehr arm sein. Ich will einfach nicht.«

Wir setzten uns auf die Parkplatzabgrenzung im Schatten des Supermarkts und aßen das Eis. Wir aßen schnell, und trotzdem schmolz es in der Hitze. Die letzten Reste rannen uns über die Finger.

»Ständig kauft ihr mein Eis«, murmelte Robbie.

»Das nächste Mal ist es andersherum«, sagte ich möglichst locker. »Dann hast du Geld, und wir haben keins.«

»Wie denn?« Robbie schnaubte. »Ich hab nichts und seit heute sogar Schulden bei meinem Vater.«

»Was?«, stieß Axel hervor, und ich: »Wie viel?«

»Zwei Euro fünfzig. Das wollte er von mir für mein Zeugnis haben«, sagte Robbie. »Die Hälfte von den fünf Euro, die Oma mir für alle Einser gibt. Weil er mir angeblich bei den Hausaufgaben hilft.«

»Ich denke, deine Mama hilft dir?«

»Nicht in Sport.«

»Da gibt's keine Hausaufgaben!«, protestierte Axel.

»Deine Oma zahlt doch nicht für Sport!«, rief ich.

»Das hab ich ihm auch gesagt. Aber er hat gemeint, eine Eins ist eine Eins, und es ist mein Problem, wenn ich das Geld nicht eintreibe. Er verzichtet nicht auf seinen Anteil, nur weil ich zu nachgiebig bin.«

»Das ist Schwachsinn!«

»Er sagt, ich muss lernen, mich durchzusetzen. Oder ob ich meine zwei Euro fünfzig nicht will? Ich würde ihm später noch mal dankbar sein, dass er mir den kleinen Schubs gegeben hat. Er will mich nur motivieren, sagt er, und er kann ja schlecht selbst für mich bei Oma nachfragen, nur weil ich zu feige bin.«

»Er hat dich feige genannt?«, rief Axel entsetzt. »Dich?«

Robbie nickte und warf den Eisstiel weg. »Wir müssen den Schatz finden. Wir müssen einfach!«

Wir sprangen auf und liefen weiter. Trinken konnten wir auch unterwegs.

Außerhalb des Dorfs erreichten wir ein riesiges Maisfeld, durch das wir der Länge nach hindurch mussten. Die Halme standen weit über mannshoch, die mächtigen Blätter wuchsen dicht wie im Dschungel. Gewaltige gelbe Kolben drängten aus ihrer Ummantelung. Gierig stürzten wir uns darauf, das Eis hatte uns richtig hungrig gemacht, die Zeit fürs Mittagessen war längst vorbei.

Jeder schlang zwei Maiskolben roh hinunter. Langsam stapften wir die Schatzlinie zwischen den eng stehenden Halmen entlang. Kein einziger Sonnenstrahl drang im dämmrigen Maisdschungel bis zum Boden. Die trockenen Blätter hielten wir mit ausgestreckten Händen von unseren Gesichtern weg. Winzige schwarze Insekten fielen auf uns herab und krabbelten über unsere Haut.

»Bluttrinkende Porenkriecher«, sagte Robbie.

Lässig wischten wir sie fort.

Für später sammelten wir weitere Kolben und steckten sie in Axels zahllose Taschen, bis sich seine Hose beulte wie ein Buckelwal. Die halb leeren Wasserflaschen trug jeder in der Hand.

Wir waren noch nicht weit gekommen, als auf der Straße draußen ein mächtiger Motor aufheulte.

Axel erstarrte. »Wem gehört das Feld?«

Robbie raunte: »Dem Grobmayr.«

Wir schluckten und drehten uns um.

Ein gewaltiger Schatten brach hinter uns in den Mais. Der Motor knurrte und keuchte wie ein grimmiger Drache. Gekrümmte Klingen rotierten sirrend und zerfetzten die Pflanzen in ihrem Weg.

Todesklingen!

Unerbittlich walzte der große drachengrüne Mähdrescher des Grobmayr auf uns zu.

»Ausweichen!« Axel wirbelte herum, um querfeldein davonzustürmen.

»Nein!« Blitzschnell packte Robbie ihn am Arm. »Wir dürfen die Schatzlinie auf keinen Fall verlieren!«

»Ja, aber flieht, ihr Narren!«, brüllte ich. »Flieht!«

Immer näher kam der Mähdrescher, die hohen Maisstängel knickten wie Zündhölzchen. Durch die frischen Lücken zwischen den Pflanzen konnten wir einen Blick auf den Grobmayr erhaschen. Lachend und unrasiert saß er auf dem federnden Sitz hoch oben im Mähdrescher. Die Fenster standen offen, und er hatte ein Bierfässchen auf dem Notsitz neben sich. Das Fässchen war angeschnallt, er nicht. Aus dem Fässchen führte ein Schlauch direkt in Grobmayrs Mund. Er nahm einen tiefen Zug und ließ den Motor röhren.

Wir rannten wie die Teufel, knallten gegen die dicken Halme und stießen sie wie Slalomstangen mit den Schultern zur Seite. Wellige Blätter klatschten uns ins Gesicht, die scharfen Kanten schnitten uns. Wir taumelten und stolperten, rafften uns wieder auf, knickten mit den Füßen um und trieben uns gegenseitig weiter. Die Schatzlinie verloren wir jedoch nie.

Der Mähdrescher brüllte, der Grobmayr soff, der Mais barst, die rotierenden Todesklingen kamen näher und näher. Und Axel fiel der Länge nach hin.

Natürlich!

Im Rennen griff ich nach ihm, bekam sein Handgelenk zu fassen und schleifte ihn mit. Sein Hintern hopste über die Furchen in der harten trockenen Erde. Das würde fette blaue Flecken geben, doch als sein Bruder und Beschützer durfte ich darauf keine Rücksicht nehmen.

»Autsch!«, jammerte Axel, und ich zog mit aller Kraft an seinem Arm. Ich zerrte Axel an mir vorbei, beschleunigte ihn und ließ ihn dann mit Schwung los, sodass er sich mehrmals überschlug. Zusammengekauert rollte er wie eine rasende Bowlingkugel vor mir her, Überschlag um Überschlag. Die Wasserflasche löste sich aus seinem Griff und sauste haarscharf an Robbies Kopf vorbei. Axel nahm allen Schwung aus seinen Überschlägen mit, streckte sich im richtigen Moment und katapultierte sich mit einem Salto auf die Beine. Das hatte ich ihm letzten Winter auf dem Schlittenberg beigebracht, so wie das Rückwärtsrodeln nach Gehör.

Weiter und weiter rannten wir. Wir durften nicht zurückfallen, denn hinter dem Mähdrescher ragten nur noch winzige Stumpen aus dem Boden. Der Kahlschlag sorgte dafür, dass keine Halme mehr standen, an denen wir uns orientieren konnten. Dort war die Schatzlinie für uns verloren.

»Sieht der uns nicht?«, jammerte Axel.

»Lauf!«, schrie Robbie. »Wir sind ihm egal! Der Grobmayr weicht niemandem aus!«

Der Mähdrescher jaulte auf, Maisfetzen wirbelten über ihm durch die Luft und verdeckten die Sonne wie ein gewaltiger Heuschreckenschwarm.

Wir hatten die Mitte des Felds erreicht, als plötzlich ein eingerolltes Rehkitz vor uns auf dem Boden lag. Ganz klein machte es sich und versuchte, mit der Erde zu verschmelzen, um nicht gesehen zu werden. Die dunklen Augen hatte es vor Angst weit aufgerissen.

»Flieh!«, brüllte Robbie es im Vorbeirennen an, doch es floh nicht. Es starrte weiter Richtung Lärm.

»Fang!«, schrie ich und warf Axel meine Wasserflasche zu. Er schnappte sie im Lauf wie einen Football, und ich legte eine Vollbremsung hin.

»Halt!«, rief Axel. »Man darf die nicht anfassen! Die Mutter riecht das!«

»Man darf erst mal nicht zulassen, dass sie gehäckselt werden!« Ich schnappte mir das Kitz und flitzte sofort weiter. Mit ausgestreckten Armen hielt ich es weit von mir, damit sich möglichst wenig Geruch von mir auf das Fell übertrug. Das Kitz zappelte und wand sich in meinem Griff, ein Huf traf mich an der Brust. Ich wurde langsamer und meine Arme schwer, doch ich ließ nicht los. Phantoms drittes Gebot lautet: *Schwächeren nach Kräften zu helfen.* Und wer konnte schwächer sein als ein winziges Rehkitz?

Wieder trat es mir gegen die Brust, und das ganz und gar nicht schwach. Das würde einen hufförmigen blauen Fleck über dem Herzen geben. Aber ich ließ nicht los.

Meter um Meter holte der Grobmayr auf. Über den Motorenlärm hinweg konnte ich ihn lachen hören. Näher und näher kamen mir die rotierenden

Todesklingen, ihr Luftzug zog über meine Fersen. Ich dachte: *Wenn der mich erwischt, spuckt der jede Zehe und jeden Finger von mir einzeln aus, ganz zu schweigen vom Rest.* Trotzdem ließ ich das strampelnde Kitz nicht los, ich durfte einfach nicht! Allein war es zu dumm zum Davonlaufen.

Ich lief und lief, die ausgestreckten Arme wollten mir abfallen, die Knie einknicken, die Brust bersten. Aber ich gab nicht auf.

Keuchend und japsend erreichte ich endlich das Ende des Maisdschungels. Mit letzter Kraft taumelte ich zu Robbie und Axel auf den Feldweg hinaus. Meine Arme und Beine zitterten wie kurz vor einem Krampf.

Direkt hinter mir riss der Grobmayr seinen Mähdrescher herum, sodass Erdbrocken aus den Reifenprofilen auf uns niederprasselten. Fluchend schleuderte er das Bierfass nach mir: »Saubande, elendige! Spielt's doch im Feld vom Maierhofer, nicht bei mir!«

Das Fass raste mit dreihundert Stundenkilometern direkt auf das ängstliche Kitz in meinen Händen zu, aber ich konnte nicht ausweichen. Ich konnte mich nicht mehr rühren, keinen einzigen Zentimeter, so sehr zitterten meine Muskeln vor Erschöpfung.

»Nein!« Mit einem tollkühnen Hechtsprung, den Oskar nicht besser gekonnt hätte, warf sich Axel in die Flugbahn des Fasses und fing es mit seiner rausgestreckten Brust auf wie eine Kugel oder einen Pfeil. Dumpf traf es auf seine Rippen. Es knackte, und ich hoffte, es war das Fass, nicht Axels Knochen.

Axel packte zu wie ein Nationaltorhüter und wurde von der Wucht des Aufpralls fortgerissen. Keuchend landete er im Staub des Feldwegs und überschlug sich zweimal – schon wieder. Doch diesmal rollte er sich nicht ab, er federte nicht wieder in die Höhe, sondern blieb stöhnend liegen. Aus einem Riss im Fass sickerten letzte Bierreste auf ihn herab.

Der Grobmayr mähte die nächste Bahn und entfernte sich von uns. Gehäkselte Maisfetzen regneten auf uns nieder.

Erschöpft sank ich im angrenzenden Haferfeld auf die Knie und ließ das Kitz los. Es machte zwei Sätze von mir weg, dann rollte es sich zwischen den Pflanzen zusammen und war kaum noch zu erkennen. So nah am alten Versteck würde seine Mutter es leicht finden. Hier war es sicher, denn der Hafer war noch nicht reif. Er würde frühestens in zwei Wochen gemäht werden.

Robbie half Axel auf die Beine. Der Kleine hatte tiefe Kratzer auf der Brust und stank nach Bier, aber er lächelte. Axel war mutig wie Phantom und einfach unkaputtbar.

Wir machten uns wieder auf den Weg.

13. Kapitel

Die Warnungen der Zänkischen

Schnurgerade schritten wir durch das goldene Haferfeld. Es gehörte dem Maierhofer, an den würde der Grobmayr uns sicher nicht verraten. Die beiden waren Nachbarn und Todfeinde. Das Rehkitz sah uns dankbar hinterher und fiepte.

Am anderen Ende des Felds thronte eine hässliche Vogelscheuche auf einem Holzgestell. Sie trug ein zerfetztes Karohemd und hatte einen grell bemalten Holzkopf mit krummer roter Nase und dunklen Bartstoppeln. Darauf saß ein grauer formloser Tirolerhut mit ausgefranster Krempe. Über der Brusttasche war ein Namensschild aufgenäht: *Grobian Doofmayr.*

Auf der linken Schulter saß ein gut gelaunter, gelb gefiederter Papagei, der uns krächzend begrüßte: »Hackedichter Popelzuzler!«

Robbie rief ihm zu: »Sag mal Grobmayr.«

Der Papagei plusterte sich auf. »Hackedichter Popelzuzler!«

»Na also, geht doch.«

Lachend liefen wir auf den nächsten Schotterweg hinaus.

Hinter ihm erstreckten sich die umzäunten Fischteiche der verrückten Züchterin Hermine Zankl. Silberhell glänzte das Wasser in der Sonne. Genau da, wo wir auf den Zaun stießen, war ein Blechschild an einen Pfosten geschraubt worden.

Mondfische. Das konnte kein Zufall sein, auf gar keinen Fall. Hier musste der nächste Hinweis versteckt sein!

»Aber wo?«, fragte Axel. »Das sind alles nur Verbote, keine Richtung.«

»Keine Ahnung«, gab ich zu.

»Vielleicht ist da irgendwo eine Geheimschrift versteckt?«, riet Robbie. »Eine, die man nur im Mondlicht lesen kann.«

»Oder das Schild ist eine verschlüsselte Nachricht«, schlug Axel aufgeregt vor.

»Das Schild ist viel älter.« Ich schüttelte den Kopf. »Die Zankl hat es aufgehängt, lange bevor der alte Ringler seinen Schatz versteckt hat.«

»Kann man nicht trotzdem einen Text in dem Text verbergen?«, fragte Axel. »Nachträglich?«

»Nur mit Glück. Man bräuchte eine Verschlüsselung, die zufällig passt. Die müsste man denen zukommen lassen, die den eigentlichen Text lesen sollen. Und ich seh hier keinen Schlüssel.«

Stumm starrten wir auf das Schild. Es war dreckig und verwittert, eine Schraube aus Messing, eine aus Stahl. Wir versuchten, irgendwelche Hinweise in den Kratzern zu erkennen, fanden jedoch keine Zahlen, Pfeile, Buchstaben oder sonst etwas, das uns weitergeholfen hätte. In der Ferne röhrte noch immer Grobmayrs Mähdrescher.

»Vielleicht ist der Hinweis auf dem Gelände versteckt«, sagte Robbie.

»Ich will da nicht rein.« Axel deutete auf das Schild, das gleich daneben hing. Dann sagte er zu Robbie: »Aber du könntest, du schwimmst doch schneller als ein Hai.«

»Nicht immer.« Robbie schüttelte den Kopf. »Das war nur einmal im Urlaub, und da ging's um mein Leben.«

»Das geht es bei Haien doch immer, oder?«

»Ja, schon. Aber woher soll ich wissen, ob ich schneller bin als alle Haie, nur weil ich schneller war als ein italienischer?«

Axel sah ihn verwirrt an. »Ich dachte, ein Wandelnder Geist hat keine Angst?«

Der Papagei jenseits der Schotterpiste krächzte: »Hackedichter Popelztzler!«

»Ich hab keine Angst!«, knurrte Robbie. »Aber bloß weil du schneller bist als deine Oma, bist du nicht schneller als ich, oder? Und wir sind beide Menschen.«

Axel blinzelte.

Ich sagte: »Das Schild ist völliger Quatsch, hier gibt's keine Haie. Und schon gar nicht an Land.«

»Das nicht, aber ...«

»Meint ihr, sie sperrt wirklich einen hungrigen Hai zu ihren Karpfen und Forellen? Das wär verrückt, da bleibt von der Zucht nichts übrig.«

»Die Zankl ist ja auch verrückt«, sagte Robbie.

»Aber nicht so.«

»Wenn du so sicher bist, dann kletter halt du rüber!«

»Du kannst mir gar nichts befehlen. Ich bin der Boss!«, rief ich. Ich glaubte nicht an den Hai, aber bei der verrückten Zankl wusste man eben nie.

Sie besaß Hundeleinen in jeder Farbe, damit die immer genau zu ihrer Kleidung passten. Jede Farbe hatte sie doppelt: Mit silbernem und goldenem Verschluss, damit sie auch zu ihrem Schmuck passte.

Sie schnitt ihre Fingernägel mit einer Schablone und färbte die Blumen in ihrem Garten, wenn die Blüten zu blass wuchsen.

Sie feilte die Zähne ihres weißen Schäferhunds Moby Dick spitz, damit der mit einem einzigen Happs alle Bälle zerfetzte, die versehentlich vom Spielplatz über ihren Zaun flogen. Moby Dick hatte schon ein Dutzend Autoreifen platt gebissen und jedes Mal dafür ein Leckerli von ihr bekommen.

Sie hat eine Politesse auf Sachbeschädigung verklagt, weil ihr Scheibenwischer nach einem Strafzettel Kratzer hatte.

Sie verklagte überhaupt jeden für alles. Viele sagten, sie hatte sich schon zweihunderttausend Euro an Schadensersatz erklagt und war deshalb reich. Andere sagten, sie hatte auch schon zweihundertzwanzigtausend Euro an Anwaltskosten ausgegeben, und deshalb war vor allem ihr Anwalt reich.

So oder so, ihr Hobby war das Verklagen von Leuten. Ich würde also bestimmt nicht direkt neben einem Verbotsschild über ihren Zaun steigen.

»Ich auch, ich bin auch der Boss!«, rief Robbie.

Breitbeinig standen wir uns gegenüber, das Kinn vorgereckt, ein Funkeln wie von einer brennenden Zündschnur in den Augen. Die gespreizten Finger zuckten neben unseren Hüften, als wollten wir Revolver ziehen. Sekundenlang belauerten wir uns, dann wirbelten wir im selben Moment zu Axel herum und befahlen: »Kleiner! Du bist die Vorhut. Also rüber!«

Überrumpelt zwinkerte er. »Aber ... aber ich kann nicht schwimmen!«

»Musst du auch nicht«, winkte Robbie ab. »Schau dich nur mal kurz bis zum Ufer um.«

»Ja, aber ...«

»Ein Wandelnder Geist kennt keine Angst. Hast du doch selbst gesagt.«

Axel biss sich auf die Lippe und sah hilfesuchend zu mir.

Ich durfte ihm eine Meuterei auf keinen Fall durchgehen lassen und sagte: »Wenn du schon rüberkletterst, wasch dir den Dreck und das trockene Blut von der Haut. So kann ich dich nicht heimbringen.«

»Ich will jetzt noch nicht heim!«

»Jetzt doch nicht. Niemand geht jetzt heim.«

»Dann muss ich mich jetzt auch noch nicht waschen, oder?« Nun sah er zu Robbie. »Ich werd bestimmt nachher noch mal dreckig.«

Damit hatte er natürlich recht. Großzügig erließen wir ihm das Hinüberklettern. Schließlich wäre es kaum hilfreich, wenn Axel zwar sauber wäre, aber abgeführt von der Polizei.

Von draußen suchten wir das Gelände mit dem Fernglas ab. Ich zählte sieben große Fischteiche und zwei blendend weiß gestrichene Geräteschuppen. Das Gras dazwischen war gleichmäßig kurz geschnitten, die Blumen geköpft, die wenigen kleinen Zierbäume ordentlich gestutzt. Etwas Auffälliges entdeckten wir nicht. Das Wasser schlug immer wieder Wellen, wenn ein undeutlicher Schatten nach der Oberfläche schnappte. Nirgendwo kreiste eine Haiflosse.

»Vielleicht feilt sie die Zähne der Karpfen spitz«, sagte Axel. »Wie bei ihrem Köter.«

»Piranha-Karpfen«, sagte ich, und Robbie nickte. »Die nagen im Schwarm eine Ziege in zehn Sekunden bis auf die Knochen ab.«

»Echt?«

»Zwanzig Sekunden, wenn die Ziege uralt ist und das Fleisch zäh. Das sind echte Killer!«

Hier und da plätscherte das Wasser fast friedlich, aber der Friede war trügerisch. Unter den kleinen Wellen lauerten fette Schatten. Schweigend suchten wir das Gelände nach ausgebleichten Ziegenknochen ab, fanden jedoch keine. Sie mussten auf den Grund gesunken sein.

Hoch über uns kreiste ein Bussard.

»Es muss einfach das Schild sein«, sagte Robbie irgendwann. »Nur da ist der Mond drauf.«

Schnell gaben Axel und ich ihm recht und suchten nach einer verborgenen Botschaft. Wir lasen die Verbote von vorn und hinten, von oben nach unten und unten nach oben, aber *Pmed Basd* ergab ebenso wenig Sinn wie *Nregnulmureh.* Dann lasen wir nur jeden zweiten Buchstaben, weil auf dem Schild zwei Monde abgebildet waren.

»Genau genommen anderthalb«, klugscheißerte Axel.

Ich fragte ihn, ob er deshalb jeden zweiten Buchstaben nur halb lesen wollte, und ob die linke oder rechte Hälfte, die obere oder untere. *Mann, Mann, Mann!*

Der Papagei krächzte: »Hackedichter Popelzuzler!«

Wir lasen diagonal, zuerst von links unten nach rechts oben, und gaben sofort auf, weil unsere Zungen schon nach drei Buchstaben verknotet waren: *Dcg...*

Wir überlegten, ob wir einen Mondfisch fangen mussten, oder zwei oder anderthalb. Aber konnte der Schatz ernsthaft auf die Fischbäuche verteilt sein?

Oder mussten wir alles tun, was auf dem Schild verboten war? Axel würde als Nichtschwimmer beim dritten Verbot ersaufen, das war keinen Versuch wert. Und durch dummes Herumlungern ist auch noch nie jemand zu einem Schatz gekommen, schreibt Saphira Goldberger, und die ist Expertin.

Robbie und ich teilten unsere halben Wasserflaschen mit Axel, der seine ja weggeworfen hatte. Die Sonne brannte noch immer, und wir setzten uns abwechselnd in den winzigen Schatten, den das Schild warf. Wir grübelten so lange, wie der Grobmayr brauchte, um seinen ganzen Mais niederzumachen. Als er heimfuhr, starrten wir noch immer auf das Schild und versuchten, die Buchstaben neu zu sortieren.

Irgendwann flatterte auch der gelangweilte Papagei davon, nur wir blieben.

Dann waren die Flaschen leer, und wir blieben noch immer.

Robbie wollte Axel schon zum Auffüllen an den ersten Teich schicken, da fiel mir plötzlich etwas auf. Die Zankl war viel zu genau, um zwei unterschiedliche Schrauben für ein Schild zu verwenden. Jemand musste das Schild abgemacht und neu angebracht haben.

»Der Hinweis ist darunter!«

Aufgeregt zückte ich mein Taschenmesser und klappte den Schraubenzieher heraus. Er passte nicht, die obere Schraube hatte einen Kreuzschlitz, die untere einen sechszackigen Stern, einen Torx. Warum konnte eine Schraube nicht einfach eine Schraube sein?

Wütend knallte ich den Totenkopfring aufs Schild und kritzelte den Totenkopf hinterher. Den hatte sich die Zankl verdient, auch wenn es nicht ihre Schrauben waren. Dann versuchte ich mein Glück mit der Lupe, der großen und der kleinen Klinge, und schließlich mit der Nagelfeile. Nie hätte ich gedacht, die mal zu brauchen, doch ihre Spitze passte halbwegs. Ächzend löste sich die erste Schraube, und ich konnte sie langsam herausdrehen.

Robbie hielt das Schild, damit es nicht fiel. Axel sah sich mit dem Fernglas um, damit die zänkische Zankl uns nicht überraschte.

Endlich war auch die zweite Schraube heraus, und Robbie nahm das Schild vom Pfosten. Darunter hatte tatsächlich jemand etwas ins Holz geritzt: ein Herz, mehrere Buchstaben und Zahlen. Es sah alt und kitschig aus, überhaupt nicht wie eine Schatzkarte, aber das war ja der Trick bei geheimen Botschaften.

Ich ballte erneut die Siegerfaust und schrie laut: »Ja!« Wir waren noch immer auf der richtigen Spur, und mit jedem Hinweis kamen wir dem Schatz näher.

Axel keuchte: »Da ist Eleanor!«

»Was?« Robbie und ich wirbelten herum. Er ließ das Schild fallen, ich das Messer. Er verfehlte seinen Fuß knapp, ich meinen nicht. Die aufgeklappte Feile durchstieß meinen Turnschuh und blieb federnd genau zwischen zwei Zehen stecken. Glück gehabt.

Eleanor stapfte seelenruhig über Grobmayrs gemähtes Maisfeld. Es war nicht zu sehen, woran sie sich orientierte, aber sie kam direkt auf uns zu. Und sie war nicht allein, Du-da trottete brav hinter ihr her.

»Sie lächelt so blöd selbstsicher«, keuchte Axel, die Augen noch immer ans Fernglas gepresst.

Was auch sonst?

Hastig hob Robbie das Schild wieder auf und presste es über die geheime Nachricht. Ich zog das Messer aus dem Schuh und drehte die Schrauben wieder rein. Hoffentlich konnte Eleanor aus der Ferne nicht erkennen, was wir taten.

»Hast du dir gemerkt, was da stand?«, fragte Robbie.

»Nicht genau.«

»Mist. Ich auch nicht.«

Axel holte einen prall gefüllten Hacky-Sack aus einer seiner Taschen, und wir kickten ihn harmlos pfeifend hin und her, bis Eleanor und Du-da heran waren.

»Kann ich mitmachen?« Sie lächelte unschuldig, aber wir wussten, dass es nicht ums Spielen ging. Und sie sagte *ich*, nicht *wir*.

Du-da sagte nichts, er keuchte. Schweißperlen rannen ihm über das rote Gesicht.

»Nein«, stieß Robbie grimmig hervor. Wir unterbrachen unser Alibi-Spiel nicht.

Axel rutschte der kleine Ball über den Außenrist und direkt auf Eleanor zu. Sie reagierte blitzschnell, erwischte den Ball mit links, jonglierte ihn dreimal hin und her und spielte ihn mir punktgenau zu. Du-da jauchzte. Ich jonglierte den Footbag zweimal hin und her und kickte ihn mit dem Knie zu Robbie.

»Warum nicht?«, fragte sie mit einem Augenklimpern.

»Darum!«, fauchte Robbie und trat den Ball aus Versehen mit viel zu viel Schwung über den Zaun.

»He!« Mit vor Entsetzen aufgerissenen Augen sah Axel dem Hacky-Sack hinterher. »Das war mein Glücksball, mein Lucky-Sack!«

Der Lucky-Sack tropfte im kurzen Gras auf, rollte noch einen Meter hangabwärts und platschte in den ersten Teich. Er versank blubbernd, und ein großer Schatten schnappte nach ihm. Wasser spritzte auf.

Axel schrie: »Nein!«

»Ich glaube, Robert hat gerade dein Glück weggeworfen«, sagte Eleanor und warf die blonden Locken in Zeitlupe über die Schulter. Sie lächelte noch immer.

14. Kapitel

Die Footbag-Schlacht am Reich der Piranha-Karpfen

»Lucky-Sack!« Der Schrei war voller Angst und Schmerz. Axel sprang an den Zaun, krallte sich fest und kletterte geschickt wie ein aufgedrehter Zirkusgibbon hinüber. Das *Hier-wache-ich*-Schild benutzte er als Trittfläche, die Angst vor Haien war der Sorge um seinen geliebten Footbag gewichen.

Robbie stierte Eleanor stinkwütend an. Sein Mund stand offen, das Gesicht glühte zornesrot. Mit Gebrüll wollte er dann Du-da an die Gurgel, weil man Mädchen nicht schlagen durfte.

Ich musste mich in Sekundenbruchteilen entscheiden, wem ich beistehen wollte, Axel oder Robbie. Sofort entschied ich mich für Du-da und hielt den geifernden Robbie fest. Nicht, weil Ma immer sagte, man dürfe überhaupt niemanden schlagen, nicht nur keine Mädchen, sondern weil das dritte Gebot des Phantoms lautete, den Schwächeren zu helfen.

»Lass mich, Verräter!«, fauchte Robbie.

»Nein!«, knurrte ich. »Ich darf nicht! Du-da ist der Schwächere von euch!«

»Ist er nicht«, sagte Eleanor und schenkte ihm einen strahlenden Augenaufschlag.

»Bin ich nicht!«, stieß Du-da stolz hervor und tänzelte mit erhobenen Fäusten auf der Stelle.

»Wenn du meinst«, sagte ich und ließ Robbie los.

Robbie spuckte auf den Boden und drehte in aller Ruhe seinen Ring so, dass der Totenkopf nach oben zeigte.

Du-da tänzelte unentschlossen rückwärts und schwitzte. Sein Blick huschte zwischen Robbie und Eleanor hin und her.

Hinter uns platschte es laut, und als ich mich umsah, war Axel nirgendwo zu sehen. Vom Ufer breiteten sich im Teich ringförmig Wellen aus, größer und schneller als die von schnappenden Fischen.

Verflucht!

Warum nur musste man auf kleine Brüder immer aufpassen? Warum konnte sie das einfach nicht selbst erledigen? Ich war in Axels Alter nie in irgendeinen

Teich gefallen. Dabei hätte ich es mir im Gegensatz zu ihm sogar leisten können, denn ich konnte schwimmen.

»Er ertrinkt!« Ich flog über den Zaun, Robbie an meiner Seite. Hinter uns tänzelte Du-da noch immer auf der Stelle. Er hatte die Fäuste sinken lassen und wirkte verwirrt. Entschuldigend murmelte er: »Ich kann nicht so gut schwimmen.«

Eleanor verdrehte die Augen.

Robbie und ich sprangen von der Zaunkrone hinab, waren mit drei Sätzen am Teich und hechteten hinein. Noch in der Luft entdeckte ich einen Schatten im Wasser und packte beim Eintauchen blitzschnell zu. Ich erhaschte jedoch nur einen fetten Karpfen, der mir sofort wieder entwischte. Seine Schwanzflosse schlug mir gegen die Schläfe, sodass mir kurz schwummrig wurde.

Ich tauchte tiefer, meine Hände griffen in den schlammigen Grund. Der aufgewühlte Dreck verdunkelte das Wasser wie Tintenfischtinte. Fast blind wirbelte ich herum und immer mehr Dreck auf. Ich tastete nach meinem Bruder, berührte glibbrige Pflanzen und davonhuschende Schuppen. Ich musste ihn finden, bevor es die Piranha-Karpfen taten! Bevor ihm die Luft ausging.

Ich musste einfach, ich war ein Hagen!

Endlich erwischte ich eine Hand in der Dunkelheit und packte zu. Die Hand packte auch mich. Gut, er lebte! Wir umklammerten uns und zerrten uns gegenseitig nach oben. Luftschnappend durchbrachen wir die Wasseroberfläche und sahen uns keuchend an. Ich erkannte Robbie. Ich hatte ihn gerettet und er mich, keiner von uns Axel.

»Axel!«, keuchten wir, ließen uns los und sahen uns hastig um.

»Ihr müsst mir nicht helfen, ich hab ihn«, sagte Axel. Er kauerte am Ufer. Wasser tropfte aus seinem Haar und seiner Hose, der Lucky-Sack lag neben ihm im Gras. Axel war nur kurz am Rand untergetaucht und hatte den Teichgrund abgetastet, ohne das Ufer loszulassen. »Ich bin ja nicht blöd, ich weiß, dass ich nicht schwimmen kann.«

Ich erinnerte ihn nicht an Lionels Pool oder das Fünf-Meter-Brett.

Eleanor stand vor dem Zaun und machte mit dem Handy Fotos von uns, das *Schwimmen-verboten*-Schild groß im Bild. Fluchend kraulte ich an Land und zog mein tropfendes Handy aus der Tasche.

»Wasserdicht?«, fragte Eleanor.

»Klar«, sagte ich, obwohl ich das nicht wusste. Ich wusste nur, dass man nasse Handys nicht einschalten durfte. Also probierte ich nicht, ob es noch ging. »Meine Eltern schenken mir immer das Sicherste.«

»Lösch das Bild!«, verlangte Robbie von Eleanor, ohne sich um mein Handy zu kümmern.

»Warum?«

»Lösch das Bild, hab ich gesagt!« Auch er kletterte an Land.

»Nur, wenn ihr von hier verschwindet.«

»Warum?«

»Weil ich das so will.«

Dummerweise wollten wir das genaue Gegenteil, nämlich dass sie mit Du-da verschwand. Bestimmt hatte sie längst die Monde auf dem Schild entdeckt, spätestens beim Fotografieren.

Drohend starrten wir uns durch den Zaun an. Robbie drehte am Ring, Du-da tänzelte und Axel spannte seine Armmuskeln an und knurrte: »Pflastersteingestählt.«

Das brachte uns aber auch nicht weiter.

Ich trocknete das Handy in der Sonne, Axel den Lucky-Sack, und Robbie füllte unsere Wasserflaschen im Teich auf. Eine Haiflosse tauchte nicht auf, nur ein Piranha-Karpfen schnappte nach Robbies Hand. Aber Robbie war auch schneller als ein Piranha-Karpfen und zog die Hand rechtzeitig raus.

Wir tranken Wasser und füllten die Flaschen nach. Du-da schwitzte und hechelte durstig in der prallen

Sonne. Er hatte nichts zu trinken. Ängstlich sah er auf das Schild. Er flüsterte etwas in Eleanors Ohr, und sie sah ihn mitleidig an. Dann sagte sie: »Kann er was von eurem Wasser haben? Er traut sich nicht zu fragen.«

Du-da lief knallrot an. »Ich trau mich schon! Ich wusste nur nicht, ob ich darf, oder ob die noch der Feind sind!«

Robbie sagte: »Nein.«

»Ihr lasst ihn wirklich verdursten?«

»So schnell verdurstet man nicht.«

Du-da hechelte inzwischen wie ein schwarzer Kurzhaardackel in der Wüste.

»Sicher? Wenn er einen Hitzeschlag bekommt, dann erklärst du das seinen Eltern.«

Robbie presste die Lippen fest aufeinander. Ich wich Eleanors anklagenden Smaragdaugen aus und zwang mich zu denken: *Das ist ein Trick! Das ist ein mieser Trick! Das ist ein furchtbar mieser Trick! Das ist …*

Axel sah sie direkt an und sagte: »Das Wasser kostet aber.«

»Wie viel, Kleiner?«, fragte Eleanor und hob überrascht die Augenbrauen.

Du-da jammerte: »Aber ich hab nichts. Ich krieg immer erst sonntags Taschengeld, wenn die Geschäfte zu haben.«

»Keine Angst, ich will kein Geld.« Axel brachte eine Flasche an den Zaun. »Ich will ein Bild.«

Du-da guckte verwirrt. »Ich hab aber gar keine Malstifte dabei. Und Papier auch nicht.«

Eleanor verdrehte die Augen. Sie wusste, worauf Axel hinauswollte. Ich auch, darum grinste ich.

»Und besonders gut malen kann ich auch nicht«, jammerte Du-da weiter.

»Einverstanden.« Schmallippig zückte Eleanor ihr Handy und löschte das Foto von uns im Teich.

Axel reichte ihr die Flasche. Ich sagte: »Die kriegen wir aber wieder. Es ging nur ums Trinken.«

Eleanor nickte und sah Du-da an. »Darf ich zuerst?« Ohne die Antwort abzuwarten, wischte sie den Flaschenhals gründlich ab.

»Klar.« Er krächzte, so ausgetrocknet war sein Hals.

Eleanor leerte die Flasche zur Hälfte, bevor sie sie weiterreichte. Du-da stürzte den Rest hinunter, ohne sich die Zeit für ein Abputzen zu nehmen.

Eleanor hatte kein Bild mehr, mit dem sie uns erpressen konnte. Wir starrten uns wieder grimmig an, keiner wollte freiwillig verschwinden. Doch die Zeit drängte. Wer wusste schon, wann Lionels Gang auftauchte?

»Lass uns darum spielen«, schlug ich vor und dachte an Stein, Schere, Papier. Oder Poker, falls Axel die Karten eingesteckt hatte.

»Nein!« Robbie schüttelte entsetzt den Kopf. »Nicht gegen die. Die gewinnt immer!«

»Niemand gewinnt immer.«

»Die schon!«

Eleanor lächelte. »Was spielen wir?«

»Footbag Netz!«, rief Axel. »Mit meinem Lucky-Sack verlier ich nie.«

»Hagen!« Robbie packte mich an den Schultern. In seinen Augen stand die pure Angst. Panik, wie ich sie bei ihm noch nie gesehen hatte. Er war der beste Sportler der Schule und schneller als ein italienischer Hai. Trotzdem flehte er: »Lass dich nicht darauf ein! Ich weiß nicht, wie sie es macht, aber die gewinnt immer.«

Natürlich glaubte ich diesen Blödsinn nicht. Es war, als wäre er Superman und sie grünes Kryptonit. Nur dass sie ihn nicht schwach machte, sondern ängstlich. Aber ich ließ mich nicht anstecken, Phantom war immun gegen Kryptonit.

»Wir spielen«, beharrte ich, und damit herrschte zwischen uns Bossen Stimmengleichheit. Das bedeutete, Axel durfte entscheiden. Er strahlte vor Glück, stieß die Faust Richtung Himmel und schrie: »Footbag!«

Natürlich hatten wir kein offizielles Spielfeld, aber wir erklärten einfach den Zaun zum Netz. Die Feldgröße von 20 auf 22 Fuß konnten wir leicht ausmessen, obwohl wir alle unterschiedliche Schuhgrößen hatten. Dafür gingen wir ein Stück zur Seite, wo der Teich weiter vom Zaun entfernt lag und wir mehr Platz hatten. Die vier Eckpunkte markierten wir mit Du-das und unseren T-Shirts.

Gespielt wurde mit Axels faustgroßem Lucky-Sack, der prall mit Sand gefüllt war. Jede Mannschaft musste ihn ins gegnerische Feld rüberkicken, um einen Punkt zu machen. Dabei durfte sie ihn wie beim Volleyball höchstens dreimal berühren, und nur mit einem Körperteil unterhalb des Knies, also Fuß, Schienbein oder Wade.

Wir spielten drei Gewinnsätze bis 21 nach der Rally-Scoring-Methode, das hieß: Jeder Punkt zählte.

»Dürfen in jeder Mannschaft so viele spielen, wie da sind?«, fragte Eleanor, obwohl es offiziell nur Einzel und Doppel gab. Aber offiziell interessierte uns nicht, der Zaun war auch viel höher als die vorgeschriebenen fünf Fuß fürs Netz. »Dann muss keiner aussetzen.«

»Dir ist schon klar, dass ihr weniger seid? Dein Vorschlag ist euer Nachteil«, sagte ich. Hatte sie die Regeln überhaupt begriffen?

Sie zuckte nur mit den Schultern, als wäre das alles kein Problem. Dabei war sie ein Mädchen, und Du-da konnte nicht malen, nicht boxen, nicht schwimmen und seinem verwirrten Blick nach auch nicht Footbag. Robbie dagegen war unser Sportstar, Axel ein Footbag-Fanatiker, und ich war ich, Hagen Julius Kaiser. Selbst einbeinig und mit Augenklappe würden wir sie besiegen. Wenn sie unbedingt auch noch in Unterzahl spielen wollte, konnte sie das haben.

Ich sagte: »Na gut. Dann spielen eben alle.«

Robbie stand herum, als ginge ihn das alles nichts an. Axel fauchte: »Was ist los? Machst du mit?«

Robbie fauchte nicht mal zurück. Er ließ die Schultern hängen und murmelte: »Klar. Bringt zwar nichts, aber ich mach mit.«

»Wir haben Angabe«, verkündete Eleanor selbstsicher. »Wir sind weniger.«

»Meinetwegen«, sagte ich großzügig, und wir stellten uns auf.

Eleanor lächelte und kickte den Lucky-Sack haarscharf über Robbie hinweg. Er landete genau auf dem Linien-Shirt. die Linie gehörte zum Feld, und Eleanor und Du-da führten 1:0.

»Was hab ich gesagt?«, fragte Robbie. »Immer.«

»Heul nicht rum!«, fuhr ich ihn an. »Das war nur ein Punkt. Wenn du gesprungen wärst, hättest du ihn noch gekriegt.«

Robbie zuckte mit den Schultern, aber Axel schäumte. Er fegte über das Feld und machte den nächsten Punkt, und dann noch einen. Dann legte er mir einen auf. Wir führten 3:1, und endlich kam wieder Leben in Robbie.

Eleanor war gut, aber Du-da hopste kopflos hin und her und warf nach jedem Gegenpunkt hilflos die Arme in die Luft. »Ich kann das nicht so gut, tut mir leid. Ich hab das noch nie gemacht. Tut mir leid.«

Er entschuldigte sich mehr, als dass er es versuchte.

Als wir locker 6:2 führten, traf Du-da den Lucky-Sack zum ersten Mal mit voller Wucht und trat ihn hinter das Feld in den Teich.

»7:2«, verkündete Axel. Robbie holte den Lucky-Sack lachend aus dem Wasser. Jetzt glaubte auch er an den Sieg.

Als er zurück war, kamen zufällig die siamesischen Freundinnen Nina Huber und Milena Novotny vorbei. Sie suchten noch immer nach Papageienkot, doch für die bittende Eleanor unterbrachen sie ihre Suche. Die lächelte. »Wir hatten gesagt, keine Beschränkung der Mannschaft, oder?« Es war keine Frage.

Wir knirschten mit den Zähnen. Robbies Glaube an den Sieg wankte wieder.

»Es sind nur Mädchen«, zischte ich ihm zu. Dummerweise hörte Nina das, und sie und Milena spielten deshalb verbissen und mit allem Einsatz.

Beim Stand von 13:7 für uns bremste der Bauer Maierhofer am Spielfeld. Er war über zwei Meter groß, durchtrainiert und hatte den schwarzen Gürtel in Karate. Der Traktor tuckerte im Leerlauf, und der Maierhofer herrschte uns von seinem Sitz aus an: »Was macht ihr da?«

Eleanor legte den Kopf schief. »Wir könnten noch Unterstützung von einem guten Mann brauchen.«

»Ich spiel kein Volleyball. Ich bin Fußballer.«

»Das ist Footbag«, erklärte sie, schüttelte die Locken, klimperte mit den Augen und sagte bestimmt tausend Mal: »Ach, bitte schön, Herr Maierhofer.«

Er tat, was alle Erwachsenen bei ihr taten: Er gab nach.

Robbies Schultern sackten wieder nach unten, aber Axel knirschte: »Das ist mein Lucky-Sack. Meiner!«

Er jagte wie ein Bekloppter jedem Ball hinterher, kickte den Lucky-Sack im Sprung, im Fallen oder sogar im Rückwärtssalto. Auch ich flog durch unser Feld und rutschte im Rettungsspagat die Linie entlang. Trotz des Riesen Maierhofer waren wir immer noch die besseren Spieler, er war größere Bälle gewohnt. Und er wollte nur spielen, wir gewinnen. Den entscheidenden letzten Punkt im ersten Satz machte ich im Handstandüberschlag mit der linken Hacke. Wir gewannen knapp 21:18, und Robbie glotzte ungläubig.

»Los, wir brauchen dich!« Ich schlug ihm auf die Schulter. »Der nächste Satz wird eine richtige Schlacht.«

Robbie nickte entschlossen. Wir spuckten männlich auf den zerfurchten Boden, klopften uns auf den Rücken, soffen unsere Flaschen leer und füllten sie neu. Piranha-Karpfen schnappten nach uns, aber wir ließen uns nicht erwischen. Wir bildeten einen Kreis und brüllten: »Wandelnde Geister!«

Eleanor hielt ein jugendliches Rennradfahrerpaar an, das auf Mountainbikes über den Feldweg heizte, und lächelte beide in ihre Mannschaft. Nun waren sie sieben gegen drei. Aber Robbie hatte endlich zu kämpfen begonnen.

Wir rasten, schwitzten, sprangen, grätschten, wirbelten und kickten wie noch nie. Keinen Punkt gaben wir verloren. Bis zum 11:11 hielten wir das Spiel ausgeglichen. Maierhofer und die Radler staunten.

Robbie machte das 12:11 mit einem Fallrückzieher und ballte die Faust.

Der Pfarrerssohn Franz-Petrus kam vorbei und fragte: »Wer führt?«

Wir keuchten stolz: »Wir.«

»Dann helf ich den anderen.«

Also acht gegen drei.

»Das ist mein Lucky-Sack«, schnaufte Axel. »Meiner.«

Trotzdem war das Glück auf Eleanors Seite. Fünf Punkte machte sie, weil der Footbag vom Zaun abgelenkt wurde und unerreichbar die Flugbahn wechselte oder einfach zu Boden tropfte. Immer zu uns, nie zu ihnen.

»'tschuldigung«, sagte sie jedes Mal fröhlich und hob mit gespieltem Bedauern die Hände.

Ich konnte es nicht mehr hören.

Axel winkte zwei ältere Mädels herbei, die ihren Hund Gassi führten. »Macht bei uns mit.«

Weil der Hund aber nicht über den Zaun steigen konnte und sie sich nicht von ihm trennen wollten, banden sie ihn draußen an und schlossen sich Eleanor an. Zehn gegen drei.

Wir gaben nicht auf und versuchten alles, doch wir verloren den zweiten Satz 27:29.

»Fast«, flüsterte Robbie ausgelaugt.

»Ausgleich«, verkündete Eleanor und klatschte ihr ganzes Team ab. Das dauerte, und wir tranken.

»Ist das nicht unfair?«, fragte die blonde Radfahrerin und ließ ihren isotonischen Powerdrink in Eleanors Mannschaft herumgehen. »Die drei gegen uns zehn?«

»Ach, nein«, sagte Eleanor. »Sie haben gesagt, sie nehmen es gegen jeden auf, der vorbeikommt. Sie halten sich nämlich für die Größten.«

»Na, wenn das so ist …« Die Hundebesitzerin zückte ihr Handy und simste noch ein paar Freunde zur Unterstützung herbei.

Mein Handy war innen noch immer nicht trocken und Oskar sowieso krank.

Den dritten Satz verloren wir knapp gegen siebzehn Gegner, den vierten deutlich gegen zweiunddreißig.

»Gutes Spiel, Jungs«, sagte Maierhofer beeindruckt zu uns. Auch Nina nickte uns zu, und Milena klatschte uns gegen den Zaun ab, wie man es nach einem Wettkampf tat. Die anderen beglückwünschten erst mal sich selbst und Eleanor zum Sieg. Dann löste sich die ganze Versammlung auf.

Nina und Milena blieben. Milena fragte plötzlich: »Wart ihr das in dem Baum?«

»Welcher Baum?« Ich stellte mich dumm. Ich wusste nicht, wo unser Kopfgeld gerade stand, und vor Eleanor würde ich gar nichts zugeben. Die verriet uns bestimmt, ohne mit der Wimper zu zucken.

»Ich hätte fast darauf gewettet«, sagte Milena.

Nina nickte und stieß einen hellen Pfiff aus.

Eleanor fragte schnell: »Wollt ihr vielleicht bei mir mitmachen? Oder bei den Verlierern?«

»Weißt du, wo der Schatz ist?«, fragte Nina mit aufgerissenen Augen.

»Noch nicht.« Sie lächelte. »Aber ich gewinne immer.«

Du-da lachte.

Axel packte unser Zeug wieder in seine tausend Taschen. Noch einmal füllten wir die Flaschen, dann gingen wir. Wir taten so, als hätte das Verbotsschild mit den Monden keinerlei Bedeutung, und folgten der ursprünglichen Schatzlinie durch die Fischzucht der Hermine Zankl. Es war ein billiger Versuch, Eleanor abzulenken, aber vielleicht hatten wir ja ein einziges Mal Glück.

Weil es nur der Ablenkung diente, machten wir es nicht gründlich und gingen um die Teiche herum, durch die wir eigentlich schwimmen mussten. Für ein Ablenkungsmanöver mussten wir Axels Leben nicht riskieren. Die Schemen der Piranha-Karpfen folgten uns im Wasser.

Über uns kreuzten sich die Wege zweier Papageien. Sie begrüßten sich mit einem Krächzen.

»Drecksack!«

»Verdammte Landratte!«

Mit hängenden Köpfen stapften wir davon.

15. Kapitel

Die Botschaft des durchbohrten Herzens

Wir schleppten uns quer über drei Felder, bis wir eine gemähte Wiese erreichten. An ihrem Rand waren riesige walzenförmige Heuballen zu einer Art haushohen Pyramide aufgeschichtet. Bis zur zweithöchsten Ebene kletterten wir hinauf und legten uns hinter dem obersten Ballen auf die Lauer. Axel zog das Fernglas raus, ich sah hindurch.

»Was siehst du?«

»Nichts.«

Das Zaunstück mit dem Schild, Eleanor und die anderen wurden von den Zankl-Bäumen verdeckt. Aber wir würden es sehen, wenn sie gingen, und darauf warteten wir. Dann erst konnten wir zurück.

Robbie trat wütend gegen das Stroh, die Pyramidenspitze wankte. »Ich hab‘s euch ja gleich gesagt: Sie gewinnt. Aber ihr wolltet mir ja nicht glauben.«

»Das konntest du nicht wissen«, sagte ich. »Niemand konnte das wissen.«

»Genau«, stimmte Axel zu.

»Doch! Sie gewinnt immer.«

»Aber wir waren drei gegen zwei. Niemand konnte wissen, dass die ganzen Leute ...«

»Immer!«, rief Robbie mit überschnappender Stimme und tippte mir gegen die Brust. »Warum hörst du mir nicht zu? Sie kriegt immer die Karte, die sie braucht, und würfelt lauter Sechsen. Ein einziges Mal lag ich beim Autorennen auf der Playstation vorn, da hatten wir dann Stromausfall. Stromausfall! Sie kriegt immer, was sie braucht. Das habt ihr doch gerade gesehen!«

»Hätten wir die Mannschaften beschränkt, hätte sie nicht gewonnen. Niemals!«, beharrte Axel.

»Hätte, hätte, hätte! Verstehst du das nicht? Wir haben's nicht getan. Und so ist das immer!«

Ein knallgelber Zitronenfalter torkelte vorbei, schillernde Fliegen brummten, und ich erinnerte mich, dass Eleanor heute Morgen dasselbe zu mir gesagt hatte: *Ich gewinne immer.*

»Aber nicht beim Schatz«, sagte Axel trotzig. »Beim Schatz schlagen wir sie!«

»Der Schatz ist kein Spiel«, erklärte ich sofort. »Da gilt ihr Immer-Gewinnen nicht.«

Robbie murmelte: »Wollen wir es hoffen.« Er klang nicht überzeugt.

Wir warteten und warteten und aßen die letzten Maiskolben.

»Vom Schatz sollten wir einen Bagger mieten«, schlug Axel irgendwann mampfend vor. »Dann können wir uns selbst eine Totenkopfhöhle buddeln.«

Ich strahlte ihn an. »Mitten im Wald.«

»Wo wir wollen. Wir können uns dann jedes Grundstück leisten.«

»Tief im Wald«, beharrte ich. »Wie Phantom.«

»Abgemacht?«

»Abgemacht.« Wir klatschten uns ab und sahen zu Robbie. Er zweifelte noch, aber die Vorstellung von einer eigenen Höhle weckte seinen Kampfgeist.

»Mit einem verborgenen Kellerraum und einem ganzen Labyrinth aus Geheimgängen«, malte Axel die Höhle weiter aus, und Robbie lächelte.

Wir planten die Höhle und warteten und sahen weiter hinab. Endlich, kurz nach vier, schlenderte Eleanor mit ihrem Gefolge zurück ins Dorf. Hatten sie die Geheimbotschaft gefunden und entschlüsselt? Wir sahen nur Hinterköpfe und Rücken, und die verrieten nichts.

»Los!« Ich stieß Axel auffordernd gegen die Schulter, und er nahm es wieder wörtlich. Ohne zu zögern, rollte er sich nach vorn über die Kante und klatschte eine Ebene tiefer bäuchlings aufs Stroh.

»Alles okay?«, rief Robbie.

»Klar.« Axel sah auf und spuckte Stroh. »Ist wie Fallübungen beim Judo.«

»Dann musst du dich abrollen«, erklärte ich.

»Stimmt!« Axel sprang weiter, lachte im Flug und rollte sich beim Landen ab – dummerweise nach vorn. Er rutschte über die nächste Kante, fiel, rollte sich nach vorn ab, fiel, rollte, fiel und – plopp, plopp, plopp – war unten. Ganz unten, wo kein Stroh, sondern harte Wiese wartete. Aber weil er unterwegs das Fallen perfektioniert hatte, war das kein Problem. Unversehrt sprang er auf, rückte seine Schulter kurz zurecht und rief: »Wo bleibt ihr Lahmärsche denn?«

Wir sprangen ihm Ebene für Ebene hinterher, ohne uns abzurollen. Dann rannten wir gemeinsam zu den Teichen zurück.

Die beiden Schrauben saßen locker, blitzschnell hatten wir sie herausgedreht. Die Nachricht unter dem Schild schien zum Glück unverändert, es gab keine frischen Kerben, nichts war ausgekratzt.

»Das sieht aus wie von Verliebten, nicht wie eine Schatzkarte«, sagte Axel enttäuscht.

»Ist schon ewig alt.« Robbie deutete auf das Datum. »Dafür hätten wir uns echt nicht von Eleanor besiegen lassen müssen.«

»Mensch, Jungs, das Datum ist falsch«, sagte ich. »Das ist es bei Geheimbotschaften immer! Es soll Uneingeweihte in die Irre führen. Aber nicht uns!«

Die beiden sahen mich zweifelnd an. Ich starrte herausfordernd zurück. »Denkt mal nach! Wie nennen sich Verliebte gegenseitig?«

Axel hob fragend die Hände. »Liebling?«

»Nein! Oder ja, auch, aber das ist es nicht.«

»Häschen? Mausezahn? Schnäuzelchen? Herzilein?«, riet er wahllos weiter. »Woher soll ich das wissen? Ich bin nicht verliebt!«

Aber Robbie begriff. Grinsend sagte er: »Schatz.«

Ich nickte. Alles passte.

Der Pfeil zeigte schräg nach oben in den klaren Himmel. Ihm zu folgen, konnte nicht gemeint sein. Wohin also dann?

»Steht das G. für Grobmayr?«, fragte Axel misstrauisch, aber wir wussten nicht, wie der mit Vornamen heißt.

»R wie Ratte«, schlug Robbie vor.

»Rhinozeros«, sagte ich.

»Rasenmäher«, sagte Axel.

»Rübenkopf.«

»Ratzeputz.«

»Rasiertsichnicht.«

»Rotznase! Das ist es! Rotznase Grobmayr.«

Wir lachten, aber Axel schüttelte nachdenklich den Kopf. »Ich kann mir eigentlich nicht vorstellen, dass er irgendwen liebt.«

»Tut er auch nicht! Das Verliebtsein ist so falsch wie das Datum«, erklärte ich noch mal.

Axel schob die Unterlippe vor. »Weiß ich doch.«

Wir rieten wieder ernsthaft, welche Namen sich hinter den Buchstaben verstecken konnten, und hofften, die vollständigen Namen würden uns weiterbringen.

Wir dachten an Klassenkameraden und ihre Eltern, an Nachbarn, den Metzger Gerber, den Bäcker

Engelhardt und Frau Wiblishauser vom Supermarkt, die vor ihrer Hochzeit Erzberger hieß. Aber von vielen Erwachsenen kannten wir die Vornamen nicht, und unsere Klassenkameraden hatte der alte Ringler wahrscheinlich nicht gekannt.

»Boris Erzberger und Rhea Giovanni würde passen. Aber woher wissen wir, dass sie es sind?«, sagte ich.

Das konnten wir nicht. Und wir konnten sie auch schlecht fragen. Es musste eine andere Möglichkeit geben, sicherzugehen. Bis zum Abend kamen wir jedoch nicht drauf.

Ich nahm den Kassenzettel aus dem Supermarkt und zeichnete das Bild ab, dann schraubten wir das Verbotsschild wieder darüber. Für alle Verfolger zog ich die Schrauben so fest ich konnte.

Lionels Gang war noch immer nicht aufgetaucht. Sie waren laut und stark, aber zu dumm, einer raffinierten Spur zu folgen.

Im Teich wuschen wir uns sauber, damit Ma keinen Herzinfarkt bekam. Vor allem das Blut rubbelten wir gründlich ab, denn bei Blut erschrak sie immer am meisten. Als müsste es immer von etwas Schlimmen stammen. Dabei blutete ich manchmal beim Zähneputzen, wenn die Bürste neu und hart war.

»In Amerika ist mal einer verblutet, weil er sich siebzehn Stunden lang die Zähne geputzt hatte. Er wollte ins Guinnessbuch der Rekorde«, erzählte Robbie, aber das war die Ausnahme.

Murat Fischer blutet manchmal wie ein abgestochenes Schwein aus der Nase, einfach so. Dann legt er den Kopf in den Nacken, lässt es trocknen und kann zehn Minuten später wieder mitkicken. Nur sein T-Shirt sieht dann immer aus wie der Putzlappen vom Metzger Gerber. Er findet das cool, er hält sich dann für einen der Profis, die mit getackerter Stirn und Kopfverband noch das Siegtor mit einem Flugkopfball erzielen. Erwachsene sehen ihn dagegen entsetzt an, und das findet er auch cool. Später will er mal Stuntman werden.

Wir dagegen hätten Mas Entsetzen heute nicht cool gefunden. Auf keinen Fall durfte sie uns morgen Schutzhaft aufbrummen. Wir mussten raus und weitersuchen. Also schrubbten wir uns gründlich sauber und kühlten Axels dick geschwollenes Auge. Er zischte und verzog das Gesicht. Dann zogen wir die T-Shirts an. Sie verdeckten die schlimmsten Kratzer, außer die auf den Armen. Das war okay, nur Axels Auge war noch immer furchtbar blau. Das roch nach Ärger.

»Du bist als Torwart nach dem Ball gehechtet und im Strafraumgewühl gegen ein Stürmerknie geprallt, okay?«, befahl ich. »Und es tut nicht mehr weh. Kein bisschen.«

»Tut es auch nicht«, versicherte Axel schnell. »Ich hab den Ball aber gehalten.«

»Meinetwegen. Versprich ihr freiwillig, morgen nicht ins Tor zu gehen. Dann ist sie beruhigt.«

Wir liefen zur Villa, um unsere Räder zu holen. Sie waren noch da, die Helme auch. Erleichtert fuhren wir heim.

16. Kapitel

Zu viel Fantasie

Wie erwartet war Ma von Axels zugeschwollenem Auge entsetzt. So entsetzt, dass sie das Loch in seinem Ohr gar nicht entdeckte. Das war uns recht. Um sie auch vom Auge abzulenken, fragte ich: »Darf Robbie heute bei uns übernachten?«

Mit gespieltem Stolz sagte Axel zu Pa: »Und zwei Elfmeter hab ich auch gehalten!«

»Großartig«, sagte Pa, der auch gleich Ma beruhigte: »Versicherungsstatistisch gesehen verletzt man sich im Tor viel seltener als im Sturm.«

»Und?«, fragte sie uns. »Ist das Stürmerknie auch geschwollen?«

Axel und ich schüttelten zögernd die Köpfe.

»Da siehst du, was deine ewigen Statistiken wert sind!«, fuhr sie Pa an. Zu Axel sagte sie: »Du gehst mir nicht mehr ins Tor.«

Axel nickte und unterdrückte ein Grinsen.

Ich fragte wieder: »Darf Robbie? Bitte! Es ist Ferienanfang.«

Ma fragte ihn: »Was sagen deine Eltern dazu?«

»Wenn du es erlaubst, erlauben sie es bestimmt«, drängte ich, und Robbie nickte heftig.

»Gut. Wenn sie es erlauben, dann kann er.«

Robbie rief an und durfte. Er durfte immer, weil seine Eltern dann ihre Ruhe hatten. Er fragte nach Oskar, aber der lag noch immer mit Fieber im Bett. Axel deckte einen fünften Teller und Besteck, Ma noch eine Serviette.

Pa nahm mich kurz zur Seite und raunte: »Keine nächtlichen Ausflüge heute, verstanden?«

Ich nickte, sicherheitshalber mit gekreuzten Fingern. Aber erst mussten wir sowieso Ringlers Hinweis enträtseln.

Weil die Gemüselasagne nicht für fünf reichte, machte Ma schnell noch einen gemischten Salat mit Radieschen aus unserem Garten. Und mit Mais, als hätten wir heute davon noch nicht genug gehabt.

Ma erzählte, dass sich irgendwelche Rabauken mit einem geklauten Schlüssel in die Kirche geschlichen und ein Bild heruntergeschmissen hatten. Pfarrer Seifert hat sie erwischt, aber sie bestritten, dass sie das Bild stehlen wollten.

»Sie haben behauptet, sie würden nur einen Schatz suchen, und das Bild sei ein Hinweis«, sagte Ma. »Aber Pfarrer Seifert hat keinen Hinweis gefunden, nur frische Kratzer auf dem Rahmen.« Sie schüttelte den Kopf. »Ich weiß wirklich nicht, was sich der alte Herr Ringler bei diesem Zeitungstestament gedacht hat. So etwas macht die Leute verrückt. Besonders Kinder mit zu viel Fantasie.«

»Sonst sagst du immer, Fantasie ist was Gutes.«

»Ja, wenn sie in die richtigen Bahnen gelenkt wird. Aber zu viel ist immer zu viel. Für alles gibt es ein richtiges Maß. Von mir aus können sie ja gern Schatzsuche spielen, aber bitte daheim oder auf dem Spielplatz. Irgendwo einzubrechen, das geht einfach zu weit! Das ist wie der Vandalismus an der Villa. Wenn es ums Geld geht, werden die Leute einfach unvernünftig. Dabei gibt es keinen Schatz! Niemand versteckt sein Vermögen, damit es ein anderer findet. Das ergibt doch keinen Sinn! Das ist höchstens wildes Abenteuergarn für Bücher!«

Wir sagten nichts. Wir hatten die geheimen Hinweise gefunden, wir wussten, dass es den Schatz gab. Aber sie würde uns nicht glauben, weil sie nicht an

Abenteuer glaubte. Noch nicht. Wenn wir ihn erst hätten, würde sie schon Augen machen.

»Also, will noch jemand Salat?«, fragte Ma, weil sie unsere leeren Teller sah, und wir wollten alle. Die Maiskolben mittags waren schon sehr wenig gewesen.

Pa brachte noch Brot und Käse und fragte höflich: »Wie geht's deinen Eltern?«

»Gut«, sagte Robbie. Das sagte er immer.

»Schön, schön.« Das sagte Pa immer.

Dann erzählte er uns wieder Geschichten von früher, die wir schon kannten. Er erzählte von den Rucksackreisen nach dem Abi, als sie wild gezeltet hatten, weil sie sich keinen Campingplatz leisten konnten. Ma erzählte er von einem Herbert, der jetzt viereinhalb brutto verdiente, weil er zehn Dienstjahre auf dem Buckel hatte. Das mit dem Brutto und Netto konnte ich nie auseinanderhalten, aber ich fragte: »Ist das mehr als vorher?«

»Ja. Mehr Dienstjahre, mehr Geld.«

»Krieg ich dann auch mehr Taschengeld? Ich hab schließlich auch zehn Dienstjahre als Sohn hinter mir. Mehr als Axel.«

Axel klappte der Mund auf, Ma lachte.

Pa sagte: »Darüber reden wir später. Ja?«

»Warum später?«

»Weil wir das innerhalb der Familie besprechen, nicht vor anderen.« Pa sah freundlich zu Robbie. »Nichts gegen dich, aber über Geld redet man nicht vor Fremden. Das verstehst du, oder?«

Robbie nickte, aber ich protestierte: »Robbie ist kein Fremder! Er ist mein bester Freund.«

»Trotzdem.«

»Er weiß genau, wie viel ich kriege. Und ich weiß, wie viel er kriegt.«

»Ich auch«, sagte Axel.

»Und ich erzähl's ihm nachher auch sofort«, sagte ich schnell, bevor Pa fragen konnte, wie viel Robbie bekam. Oder wie wenig.

Ma und Pa sahen sich an. Ma lächelte und hob kurz die Brauen, und da wusste ich, ich hatte gewonnen. Zwar zuckte es noch um Pas Mundwinkel, und er und Ma zwinkerten sich zu, nickten in Richtung Axel, guckten fragend und schnitten allerlei Grimassen, von denen sie annahmen, dass Axel und ich und vor allem Robbie sie nicht verstanden.

Irgendwann seufzte Pa. »In Ordnung. Wie viel mehr, bespreche ich nachher mit deiner Mutter.« Wenigstens irgendwas wollte er im Geheimen klären.

»Danke!« Ich strahlte.

Nächsten Monat konnte Axel dann wieder versuchen, sein Taschengeld zu mir hochzuverhandeln.

Später lungerten wir alle auf Robbies Matratze herum, die vor Axels und meinem Bett auf dem Boden lag. Wir versuchten, Ringlers Geheimcode zu knacken. Ich wälzte Goldbergers *Verschollene Schätze*, Robbie ging in Gedanken alle Fälle der *Drei ???* durch, und Axel blätterte in den alten *Phantom*-Heften. Doch sie alle konnten uns nicht helfen.

»Wisst ihr, was doof ist?«, fragte Axel, als er im *PHANTOM spezial Sammelband Nr. 11* auf die vier Gebote Phantoms stieß. »Dass man immer den Schwächeren helfen muss. Wenn man nur gegen die Stärkeren kämpfen darf, kriegt man doch ständig auf die Fresse.«

Verwirrt sah ich ihn an. Was hatte das mit dem Geheimcode zu tun?

»Eigentlich dürften die Stärkeren einen dann überhaupt nicht schlagen, wenn man der Schwächere ist, oder? Die müssten einem doch gegen sich selbst helfen, oder?« Er sah mich an, der blaue Fleck um das Auge wurde immer dunkler. Er blinzelte und wirkte auf einmal nicht mehr unkaputtbar. »Die hätten heute nicht alle zu Lionel halten dürfen, als der mich verdroschen hat. Stimmt's?«

»Hätten sie nicht, nein.« Ich hatte plötzlich einen Kloß im Hals und legte Axel den Arm um die Schulter.

Dabei merkte ich wieder, wie schmächtig er wirklich war. »Aber es hält sich eben nicht jeder an Phantoms Gebote.« Ich fühlte einen Stich in der Brust, weil ich nicht geblieben war, um ihm zu helfen. Ich hatte Lionel solche Gemeinheiten nicht zugetraut, obwohl ich es hätte besser wissen müssen. Dem Widerling war alles zuzutrauen.

Robbie legte Axel den anderen Arm um die andere Schulter. »Es tut mir leid, dass ich so schnell war. Das nächste Mal laufen wir zusammen, okay?«

»Okay.« Axel blinzelte furchtbar schnell und nickte. Dann legte er die Arme um uns und drückte uns, ohne uns anzusehen.

Später betrachtete ich wieder den Kassenzettel mit der abgemalten Geheimbotschaft. Plötzlich fiel mir auf, was mich die ganze Zeit an dem Pfeil gestört hatte. Er hatte oben drei Federn und unten nur zwei. Warum waren es oben und unten nicht gleich viele? Das musste etwas bedeuten. Und mein grandioses Gehirn wusste auch sofort, was.

»Fünf!«, rief ich. »Drei plus zwei ist fünf. Der Pfeil ist eine Zahl.«

»Cool«, sagte Axel. Er blinzelte nicht mehr. »Dann suchen wir jetzt jemanden, der eine Zahl im Namen hat. Das sind bestimmt nicht viele.«

»Nur Könige und Päpste und so«, stimmte Robbie ihm zu. »Aber die haben eigentlich keinen Nachnamen, die heißen einfach Ludwig, Heinrich oder Johannes. Warum dann B.E. und R.G.?«

»Die Fünf ist kein Name«, erklärte ich. »Eine Zahl in einer Geheimbotschaft ist oft ein Schlüssel, um Buchstaben zu verschieben. Eine Fünf bedeutet, dass aus dem dritten Buchstaben des Alphabets der achte wird, aus dem zehnten der fünfzehnte, und so weiter.«

»Und wenn das Alphabet zu Ende ist?«, fragte Axel. »Was wird aus dem Z?«

»Man fängt wieder von vorne an.« Ich zählte laut mit den Fingern. »A, B, C, D, E. Aus jedem Z wird ein E.«

»Wir haben aber kein Z«, sagte Robbie.

»Das war doch nur ein Beispiel. Aus dem B wird ein G.«

»Aus dem E ein J!« Axel sprang begeistert auf, weil er es kapiert hatte, und machte einen Diver übers Bett. Es ächzte gefährlich.

Robbie und ich schrieben die neuen Initialen auf: G. J. und W. L.

Feiernd stießen wir die Fäuste aneinander. Weil wir noch immer die Ringe trugen, nahmen wir vorsichtshalber die Linke. Dann machten wir eine neue Liste mit neuen Namen, aber es fühlte sich nicht an, als wären wir auch nur einen Schritt weiter gekommen.

Draußen ging die Sonne bereits unter, und wir schalteten das Licht ein.

»Zähneputzen und ins Bett!«, rief Pa von unten.

»Gleich!«

»Ihr könnt danach noch quatschen!«

Wir wetzten ins Bad. Ich putzte mir die Zähne nur kurz, schließlich wollte ich nicht verbluten. Robbie bekam eine neue Zahnbürste von Axel und einen alten Schlafanzug von mir.

Zurück in unserem Zimmer, zweifelte Axel an der Fünf. »Und wenn die unterschiedlichen Striche nur Zufall sind?«

»Bei Geheimbotschaften gibt es keinen Zufall«, beharrte ich.

»Die Pfeilspitze sieht aus wie ein V«, sagte Robbie. »Meinst du, das bedeutet auch etwas? V plus 5 ist A. Für Prinz Albert?«

Wir starrten zu dritt auf die Zeichnung. Axel wollte unbedingt auch etwas entdecken und sagte: »Der Pfeil selbst sieht aus wie ein ganz langes I.«

»Und wo ist der Punkt?«, fragte Robbie.

»Ein großes I!«

»Ist lang genug für fünf I«, sagte ich.

»Wieso darf ich nie was finden?«, motzte Axel.

»Keiner verbietet's dir. Find einfach was.«

Ruckzuck fand Axel sein schweres Eulen-Antiallergiekopfkissen und zog es mir über den Schädel. Ich packte mein Tiger-Kissen und drosch zurück. Dann wieder Axel, dann ich, dann Axel, dann ich. Abwechselnd watschten wir uns mit den Kissen ab, bis uns ganz schwindlig wurde. Wir hatten längst vergessen, warum wir uns die Kissen um die Ohren schlugen, aber es machte Spaß, und wir machten lachend weiter.

Robbie konnte sich nicht für eine Seite entscheiden, wollte aber nicht tatenlos zusehen. Also kloppte er mit seinem Kissen abwechselnd auf Axel und mich ein. Er hatte leider nur ein kleines Sofakissen, das machte gar nicht schwindlig.

»Was ist da los?«, rief Pa. Er und Ma standen plötzlich in der Tür.

»Nichts«, sagten wir. »Wir spielen nur.«

»Genug gespielt«, sagte Pa. »Ab ins Bett.«

Wir krochen unter die Decken. Ma und Pa wünschten uns eine gute Nacht und knipsten das Licht aus.

»Pa?«, fragte ich. »Wofür steht denn ein V?«

»In welchem Zusammenhang denn?«, fragte er.

»Einfach so.«

»Für Victory. Sieg.«

»Oder als römische Zahl«, sagte Ma. »Ein V steht für fünf. Und jetzt gute Nacht.«

»Gute Nacht.«

Sie schlossen die Tür. Fünf wie die fünf Pfeilfedern. Keiner von uns glaubte mehr an einen Zufall. Flüsternd überlegten wir im Dunkeln weiter, aber wir konnten uns auf keine Namen hinter den Initialen einigen.

Irgendwann fragte Axel: »Kann man Buchstaben und Zahlen immer austauschen?«

»Wie meinst du das?«

»Na ja, das A ist die Eins und wird mit der Fünf zur Sechs. Die Sechs ist das F. Dann könnte die Fünf doch auch einfach ein E sein, oder? So wie das V eine Fünf ist und deshalb auch ein E.«

»Hä?«, kam es aus Robbies Ecke, aber ich hatte verstanden. Das war überraschend brillant, nur leider falsch. Aber woanders könnte es passen!

»Das Datum«, murmelte ich und knipste die Taschenlampe an. Vom Schreibtisch holte ich Stift und Zettel, Robbie sprang zu uns hoch. Meine Hände zitterten vor Aufregung, als ich schrieb:

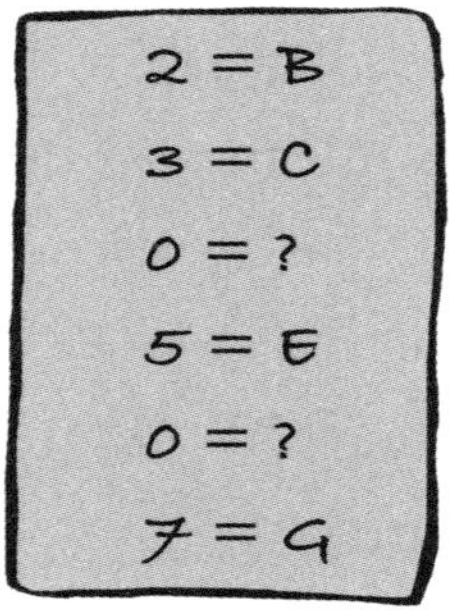

»Was bedeutet das Fragezeichen?«, fragte Axel.

»Dass ich es nicht weiß«, sagte ich. »Noch nicht.«

»Vielleicht muss man die Zahlen um fünf nach hinten verschieben?«, schlug Axel vor. »Oder um zehn? Weil es ja zwei Fünfer sind mit dem V.«

»Nicht dumm, Kleiner.« Ich wollte es durchprobieren, aber Robbie riss mir den Zettel aus der Hand. »Nein, nein! Nicht jede Ziffer extra nehmen. Nicht 2 und 3, sondern 23.«

Er korrigierte meine Liste:

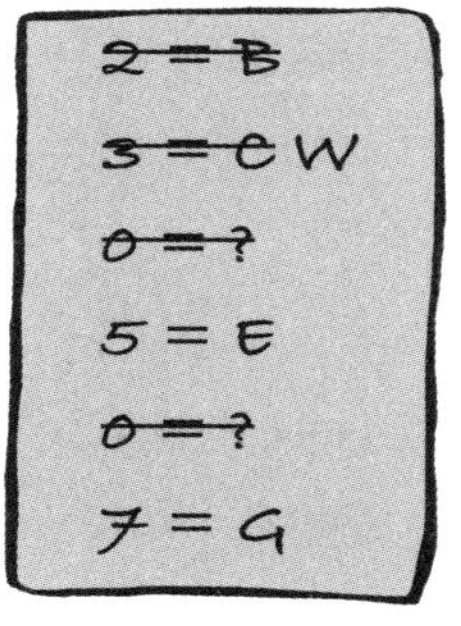

Triumphierend sagte Robbie: »W, E, G. Weg.«

Das passte! Weg war ein richtiges Wort, und zum Schatz musste ein Weg führen. Noch wussten wir nicht welcher, aber wir kamen eindeutig voran. Lautlos klatschten wir uns ab.

Ich starrte auf den Kassenzettel, bis mir die Augen tränten. Dann fing ich an zu lachen. Es war einfach, so einfach, dass man es fast übersah. Man musste nur die Punkte der Initialen genauso ignorieren wie die beim Datum. Dann blieb BE+RG.

»Berg«, sagte ich. »Bergweg.«

Axel riss jubelnd die Arme in die Höhe und sprang im Bett auf die Füße. Dann fiel er auf die Knie und ließ die Hände sinken. »Mist.«

»Was ist?«

»Bis zu den Bergen ist es mit dem Rad ziemlich weit.«

»Mann, Kleiner, es geht nicht um echte Berge. Ein Straßenname«, sagte ich. »Der Bergweg muss im Dorf sein.«

Aber keiner von uns hatte je von einem Bergweg gehört. Uns blieb nur die Hoffnung, dass wir ihn bloß nicht kannten.

Weil der Dorfplan von Falkenhofen unten neben dem Telefon lag, mussten wir warten, bis Ma und Pa im Bett waren. Flüsternd hielten wir uns gegenseitig wach. Axel sagte immer weniger.

Kurz vor Mitternacht schlich ich die Treppe hinunter und holte den Plan. Er war zum Falten und voller Werbung. Am Rand neben den Anzeigen waren alle Straßen alphabetisch aufgelistet. Einen Bergweg gab es nicht. Dabei war ich mir so sicher gewesen.

Axel seufzte enttäuscht und schlief beinahe sofort ein. Der Tag hatte ihn völlig erschöpft.

Sogar die Taschenlampe machte langsam schlapp. Sie flackerte, und ich schaltete sie aus. Die letzten Sekunden Saft wollte ich für Notfälle aufzusparen.

Robbie gähnte. »Machen wir morgen weiter.«

»Und wenn Eleanor es schon gelöst hat?«

»Dann darf sie nachts trotzdem nicht raus.«

»Ist mir egal. Ich mach im Dunkeln weiter. Ein Wandelnder Geist gibt nicht auf.«

»Dann mach ich auch weiter«, sagte Robbie, und wir grübelten schweigend vor uns hin. Kaum fünf Minuten später atmete er regelmäßig. Als ich seinen Namen flüsterte, reagierte er nicht.

Ich setzte mich auf und lehnte mich an die harte Wand, um durchzuhalten. Der letzte Held, last man standing, die Nachtwache im Feindesland, der aufrechte Schlaflose. Doch allein und ohne Lagerfeuer machte auch ich irgendwann schlapp und kippte zur Seite weg.

Ich träumte von Eleanor. Sie hetzte mich über das Deck eines Piratenschiffs und schwang eine riesige Zahnbürste aus grünem Kryptonit. Die Piraten lachten, eine Papageienchor sang: »Hänschen klein, ging allein ...«

Eleanor forderte mich zum Duell und lachte. »Ich gewinne immer! Immer! Ich krieg nie Zahnbluten!«

Axel war an den Hauptmast gefesselt. Und dann war es plötzlich ein Marterpfahl mitten in der Wüste.

Lionel, Henry und seine ganze Gang tanzten einen wilden Kriegstanz um ihn herum und bewarfen ihn mit nassen Footbags. Er wurde getroffen und getroffen und getroffen, sein blaues Auge wurde dicker und dicker und dicker. Ich konnte nichts tun, ich kam an Eleanor nicht vorbei. Wieder und wieder stieß sie mich lächelnd mit der Zahnbürste zurück. Sie flötete:

»Ich gewinne immer.«

Schneller und schneller schlug mein Herz, wie der Trommelschlag für den Kriegstanz, und plötzlich war ich wach. Es war halb zwei in der Nacht, und ich war an der Wand ganz heruntergerutscht. Mein Ohr lag verknittert auf der Bettkante. Der Traum löste sich auf, nur mein Herz schlug noch immer. Ich atmete schwer und versuchte, den Traum aus meinem Kopf zu schütteln. Da wurde mir plötzlich klar, was wir übersehen hatten: Wir hatten das Herz vergessen!

Aufgeregt knipste ich die Taschenlampe an. Sie flackerte mit letzter Kraft. Ich hielt mir den Dorfplan direkt vors Gesicht und suchte das H im Alphabet der Straßennamen.

Und da war er: Hertzbergweg.

Hertz mit tz statt nur z, aber das war egal, das war bei Bilderrätseln erlaubt. Das Licht der Lampe erstarb.

Wir haben nicht zu viel Fantasie, Ma, den Schatz gibt es wirklich!

Ich rüttelte Axel neben mir wach und warf seinen Teddy nach Robbie.

»He!«, murrten sie. »Was soll das?«

»Hertzbergweg«, keuchte ich. »Hertzbergweg 5. Oder 10, wenn beide Fünfer gelten und man sie zusammenzählen muss.«

Glücklich schliefen wir alle wieder ein. Morgen ging die Suche weiter, und wir wussten, wo.

17. Kapitel

Der Todeshauch des Windteufels

Noch bevor die Kirchenglocken läuteten, erreichten wir den Hertzbergweg. Der Himmel leuchtete blau, die Sonne brannte wie gestern, und ein schwacher Wind ging. Er war trocken und höllisch heiß und wehte grauen Staub wie Asche über den Asphalt.

»Der Atemhauch des Teufels«, raunte Robbie.

»Den Teufel gibt's nicht«, sagte Axel.

»Das weiß ich«, sagte Robbie. »Aber es fühlt sich trotzdem so an.«

Ich nickte, und Axel schwieg.

Weil wir keine Lust auf Maiskolben hatten und Axels ausgebeulte Taschen für Proviant nicht ausreichten, trug er heute auch einen Rucksack. Darin steckten belegte Brote, drei gekochte Eier, ein paar Landjäger und eine Packung Vollkornmüsliriegel.

In meinen Taschen steckten das Messer und mein Handy, das Ma beim Frühstück vorsorglich aufgeladen hatte, obwohl es noch fast voll war.

Der Hertzbergweg begann an der Hauptstraße zwischen der alten Trencker-Mühle und dem dünnbärtigen Bio-Breitner. Der verkaufte unter der Woche Eier, Milch und Gemüse direkt vom Hof. Sonntags waren seine Türen geschlossen, nur der dampfende Misthaufen lag offen da. Schillernde Pestfliegen umkreisten ihn surrend, und der höllische Wind trieb seinen Gestank zu uns herüber. Beißend schwappte er uns in Nase und Mund, fraß sich in unsere Lungen und ließ uns benommen taumeln.

»Dein Teufel hat Mundgeruch«, stieß Axel hervor. Er riss sein Posträuberhalstuch aus der Tasche und band es sich fest über Mund und Nase.

Robbie und ich hielten uns die Nasen zu und pressten die Lippen aufeinander. Mit angehaltenem Atem stürmten wir den Hertzbergweg hinauf Richtung Hochstraße, den Todeshauch des stinkenden Satans im Nacken. Jenseits der Mühle klagte ein Hund jämmerlich.

Bei der Hausnummer fünf konnten wir wieder atmen, wenn auch nicht ganz frei. Noch immer lag ein

Hauch von Mist in der Luft. Immer wieder schwappte eine kurze Gestankwelle über uns hinweg, so wie einen plötzlich eine kalte Strömung im Sommermeer erwischte. Robbie und ich ließen uns von Axel unsere Posträuberhalstücher geben und steckten sie ein. Nur zur Sicherheit. Axel behielt seines um den Hals, obwohl er darunter schwitzte.

Das Haus Nummer fünf war ganz von Wein überwuchert. Die Jalousien waren aus dunklem Holz und heruntergelassen. Drei schiefe Kamine und zwei Spitzgauben kauerten auf dem dunkelroten Dach. Ganz vorn am Giebel erhob sich ein großer bronzener Wetterhahn, der gar kein Hahn war, sondern ein dicker Drache mit ausgebreiteten Flügeln.

Im Vorgarten stand eine zehn Meter hohe Stange, an der flatterten eine Piratenflagge mit gekreuzten Knochen, eine blau-weiße Bayernfahne mit Königskrone, unser blau-gelbes Dorfwappen mit dem Falken im Sturzflug und das Vereinsemblem von Besiktas Istanbul mit einem liegenden Sichelmond.

Die Hausnummer neben der Tür war ein fettes gusseisernes V und sah genau aus wie die Pfeilspitze. Robbie klopfte mir auf die Schulter und zeigte auf das Klingelschild: *Zoe und Dieter Schatzer.*

Mond, V und Schatzer, das war eindeutig.

Axel fragte: »Und jetzt? Klingeln wir?«

»Und dann? Willst du fragen, ob sie zufällig den Schatz haben und ihn uns netterweise überlassen?«

Axel zuckte mit den Schultern und sah zu Robbie.

Der schüttelte den Kopf. »Die schlafen noch. Wir schauen uns selbst um.«

Direkt am Zaun standen trockene Sonnenblumen, eine fleckige Gießkanne lag unter dem Wasserhahn, daneben eine schwarzgelbe Gartenschlauchschlange. Leere Wäscheleinen hingen hinten im Garten, vorn wuchsen kleine knorrige Apfelbäume mit mattgrünen Äpfeln. Wir sahen einen Sonnenschirmständer und zwei Gartenliegen, aber keinen Schatz und keinen weiteren Hinweis.

»Wenn das da die Pfeilspitze ist«, sagte Axel und deutete auf das V an der Wand, »müssen wir vielleicht ihr folgen.«

»Sie zeigt auf den Boden«, sagte ich.

»Viele Schätze sind vergraben.«

»Du meinst, der alte Ringler hat hier einfach mal ein Loch ausgehoben, und den Schatzers war das egal?«

»Ich weiß nicht, vielleicht waren sie im Urlaub?«

»Und die Nachbarn zufällig auch?«

»Warum nicht? Die können doch zusammen fahren oder?«

Ich starrte auf die römische Fünf an der Hauswand. Sie sah wirklich aus wie die Pfeilspitze. Der Boden unter ihr war mit Steinen gepflastert. Wie sollten wir da ungesehen graben? Die Schatzers waren bestimmt nicht schon wieder im Urlaub.

»Kann ich dein Messer haben?«, fragte Axel. »Dann kratz ich schon mal den Kitt aus den Ritzen.«

Robbie sagte: »Der Wetterdrache sitzt auf einem.«

»Einem was?«, fragte ich.

»Pfeil.«

Axel sah hinauf, ich sagte: »Wetterhähne drehen sich, da könnte der Schatz überall sein, je nach Windrichtung.«

»Der nicht«, behauptete Robbie, und er hatte recht. Der heiß beißende Wind blies uns von links ins Gesicht, doch der Drache zeigte unbeirrt schräg über uns hinweg, immer in eine Richtung. Er musste festgeschweißt sein.

»Drachen sitzen auf Schätzen«, erklärte Robbie.

»Ich weiß«, sagte ich. Ich hatte das *Nibelungenlied* gelesen, weil mein Name daher stammte. Darin saß der Drache Fafnir auf dem sagenhaften Nibelungenhort, und im *Hobbit* schlief Smaug auf einem Haufen Gold, Silber und Edelsteine. Der Wetterdrache der Schatzers saß auf dem Pfeil. Es war klar, was das bedeutete.

Von hier unten konnten wir seine Richtung nur ungefähr bestimmen, wir mussten also aufs Dach. Robbie sprang aus dem Stand übers Gartentor, Axel kletterte hinüber, und ich öffnete es und ging hindurch. Wir huschten auf die Rückseite des Hauses, wo wir von der Straße aus nicht gesehen werden konnten. Ein stinkender Windhauch schwappte wie eine Drohung über uns hinweg. Krähen flohen klagend aus den Bäumen.

»Es reicht, wenn einer raufkraxelt«, sagte Robbie und spuckte in die Hände.

»Okay«, sagte ich. »Axel ist am leichtesten.« Die oberen Verästelungen der Weinrebe waren bestimmt dürr und brüchig.

»Aber ich kletter schneller«, sagte Robbie.

»Tust du nicht!«, wehrte sich Axel.

»Wetten?«

»Um was?«

»Um die Ehre«, sagte Robbie, weil das der höchstmögliche Einsatz war, wenn man kein Geld hatte und auch sonst nichts.

Axel schlug ein.

Weil es um die Ehre ging, machte ich natürlich ebenfalls mit. Axel warf seinen Rucksack ab, damit er die gleichen Chancen hatte. Robbie lächelte und lockerte die Hände.

»Auf die Plätze. Fertig. Los.«

Nebeneinander kletterten wir die Rückwand am Haus hoch. Durch raschelnde Weinblätter hindurch und über knorrige Äste rasten wir dem Himmel entgegen. Robbie kletterte in der Mitte, direkt unter dem Giebel, und hatte deshalb den längsten Weg bis aufs Dach. Selbst schuld, er hatte sich da hingestellt.

Dafür mussten Axel und ich den Fenstern im Obergeschoss ausweichen. Doch kaum hatten wir sie erreicht, traf uns plötzlich der Todeshauch des Windteufels mit voller Wucht. Die Weinblätter rollten sich zusammen, manche wurden braun. Trauben verschrumpelten in einem winzigen Augenblick zu Rosinen und regneten hinab. Neben mir vergiftete der Gestank eine Giftspinne. Sie verknitterte zu einer schwarzen, rosinengleichen Kugel und stürzte in die Tiefe. Nie wieder würde ich Rosinen essen. Sekundenlang hielt ich den Atem an und rührte mich nicht, alle Muskeln verkrampft, die Lippen aufeinandergepresst.

Robbie hielt sich haischnell mit der Linken die Nase zu und zog sich mit der Rechten weiter hinauf.

Axel riss sich das Posträuberhalstuch übers Gesicht und rutschte vor Schreck mit den Füßen ab. Er baumelte nur noch mit einer Hand am Wein und knallte mit den Beinen wie ein Glockenklöppel gegen die Jalousie. Es schepperte dumpf. Wenn dahinter das Schlafzimmer lag, waren die Schatzers jetzt wach.

Axel fluchte und kletterte weiter, die Angst verlieh ihm selbst im lähmenden Teufelshauch Flügel. Er floh und flog. Trotzdem war der Meisterturner Robbie als Erster oben. Und ich konnte froh sein, dass man bei solchen Wetten um die Ehre nie wirklich seine Ehre verlieren konnte. Nur, wenn man sich drückte und gar nicht mitmachte. Was irgendwie komisch war, weil man sie dann ja eigentlich gar nicht aufs Spiel setzte. Das mit der Ehre war nicht so leicht zu verstehen.

Der Gestank ebbte ab, wir schnauften auf dem Dach durch. Robbie und ich banden uns vorsichtshalber die Tücher locker um den Hals.

Leise wie die schwarzen Panther huschten wir über den First zum Drachen vor und visierten den Pfeil entlang. Er zeigte über Dächer und Gärten hinweg in Richtung des stillgelegten Güterbahnhofs außerhalb des Dorfs. Ich hatte den Plan eingesteckt, aber wir konnten keine brauchbare Linie mit dem Edding einzeichnen, weil der dicker war als ein Haus. Also merkten wir uns die Richtung, das hatte gestern auch geklappt.

Unter uns rührte sich nichts, Axels Jalousientritt hatte niemanden geweckt. Ich ließ mir von ihm das Fernglas geben. Wir mussten den Überblick nutzen, wenn wir schon mal hier oben waren.

Auf manchen Terrassen wurde gefrühstückt, irgendwo wurden zwei Ausflugsautos beladen, aber in den Straßen war kaum etwas los. Die Kirchturmuhr zeigte kurz nach acht.

Vor der Kirche stiegen Lionel und seine Mutter aus einer schwarzen Limousine. Er trug einen dunkelblauen Anzug mit Krawatte und schmollte. Sein Vater drückte ihm durchs Fenster ein paar Scheine aus seiner Brieftasche in die Hand und brauste wieder davon. Vermutlich eine Bestechung für die Kollekte. Oder für den Pfarrer, der Gottesdienst begann erst in einer Stunde. Lionels aufgetakelte Mutter packte ihn am Arm und zog ihn zum Pfarrhaus.

Die Villa des alten Ringler war verlassen, keine Räder waren vor der Tür angekettet. Nur Werner C. Ringler Jr. lief mit einem Metalldetektor durch den Garten und durch jedes Loch darin. Er trug eine Sonnenbrille und einen Safarihelm.

Du-da saß wartend auf einer Schaukel auf dem Spielplatz.

»Wo wohnt Eleanor?«, fragte ich.

»Gib mir das Glas«, sagte Robbie. »Das geht schneller.«

Tatsächlich kam sie eben aus der Haustür. Wenn sie das Rätsel gelöst hatte wie wir, war sie auf dem Weg hierher. Wir sollten sofort verschwinden.

Aus einem Baum gegenüber krächzte es: »Schwachköpfe! Alles Schwachköpfe!«

Wir schoben die Tücher vor die Nasen und kletterten wieder nach unten. Der Rucksack war aufgegangen, und eine fette schwarze Katze klaute eben unsere letzten Schinkenknacker.

Ich zischte: »Gsch!«, aber unter dem Tuch klang es erbärmlich leise und gedämpft. Ich fragte mich, wie echte Posträuber eine Drohung ausstoßen wollten, die wirklich bedrohlich und deutlich zu verstehen war.

Die Katze warf mir einen ungnädigen Blick zu und schleppte die Würste davon. Ein Papagei stürzte herab, krallte sich ein belegtes Brot und hob wieder ab. Er krächzte fröhlich: »Drecksack! Diebischer Drecksack!«

Als wir den Boden erreichten, war das meiste Essen weg oder zerfleddert. Nur die Eier, die Vollkornmüsliriegel und das Wasser waren uns geblieben. Axel warf sich den Rucksack über die Schultern und lief mit mir quer über die Straße und weiter in Pfeilrichtung. Robbie trommelte mit den flachen Händen wuchtig gegen drei Jalousien im Erdgeschoss. Es dröhnte und schepperte durchs halbe Dorf. Lachend stürmte er zu uns. »Wenn Eleanor gleich kommt, sind die Schatzers wach und stinkwütend.«

Im Weitergehen nahmen wir die Tücher von den Nasen, der Teufelshauch war nicht mehr zu riechen.

Wir folgten der Schatzlinie über den nächsten Zaun. Robbie sprang elegant wie ein Hürdenläufer hinüber, ich setzte dafür einen Fuß auf, und Axel blieb hängen. Er klatschte aufs Gesicht, der nachrutschende Rucksack schlug ihm auf den Hinterkopf. Seine Lippe war wieder einmal aufgeplatzt, aber er grinste. »Nichts passiert.«

»Auf!«, drängte ich. »Nicht trödeln. Quatschen kannst du später.«

Er rappelte sich auf, bevor der Gartenbesitzer aus dem Haus gestürmt kam, und rannte uns hinterher.

Seit gestern hatten wir Übung, fremde Gärten zu durchqueren. Wir sprangen über Beete, Sandkästen und Planschbecken und waren schon im nächsten Augenblick verschwunden. Kaum ein Hausbesitzer sah mehr von uns als den Rücken, und die meisten nicht mal den.

»Ich ruf die Polizei!«, drohte uns eine kleine Frau, aber das machte uns keine Angst. Wir waren weg, bevor sie die halbe Nummer getippt hatte.

»Verpisst euch!«, schrie ein Unrasierter mit tiefrot umrandeten Augen und flackerndem Blick. Er fuchtelte mit etwas herum, das wie eine fette Pistole aussah. Das erschreckte uns kurz, bis wir erkannten, dass es nur der Aufsatz für einen Gartenschlauch war.

»Ich kenne euch, ich ruf eure Eltern an!«, keifte ein anderer, und das machte uns nun doch Angst.

Weil er uns nicht beim Namen genannt hatte, hofften wir, dass es ein Bluff gewesen war. Wir eilten weiter und weiter, fürchteten jeden Augenblick einen Anruf. Doch minutenlang klingelte das Handy nicht, und wir atmeten auf.

»Dem echten Phantom wär das nicht passiert, der hat eine Maske«, sagte Axel.

»Und vor allem keine Eltern.« Robbie lachte.

»Die hat er schon«, sagte ich, »aber die würden das verstehen. Die waren selbst mal Phantom.«

Also banden wir uns wieder die Posträuberhalstücher vor den Mund, um nicht erkannt zu werden. Dann ging es weiter bis zum Dorfrand und hinaus. Dort kletterten Robbie und ich ruckzuck über die bunten Bienenhäuser am toten Bahngleis. Zur Warnung rief ich Axel zu: »Pass mit dem Rucksack auf.«

Das tat er, nur leider nicht mit seinem Fuß. Als er fast oben war, rutschte er ab und trat mitten in einen Bienenstock. Wütend surrende Biester stoben auf, Axel hechtete vom Dach und stürmte davon, noch immer eingekreist von einem zornigen Schwarm.

»Schneller, Kleiner!«, schrie Robert, und ich: »Halt den Mund geschlossen!«

Das waren die besten Ratschläge, die man in einer solchen Lage geben konnte. Dank ihrer wurde er auch nur dreiundzwanzig Mal gestochen, und nicht ein einziges Mal in die Zunge oder Speiseröhre.

»Glück gehabt. Da ist es am gefährlichsten«, erklärte ich, nahm die Wasserflasche aus dem Rucksack und drückte sie ihm in die Hand. »Das kann in drei Sekunden total zuschwellen, und dann erstickst du.«

»Danke«, keuchte Axel und trank gierig. Die Stiche waren kaum dicker als die von Mücken.

»Hast noch mehr Glück gehabt, dass es keine mutierten Mörderbienen waren.« Robbie klopfte ihm auf die Schulter und auch auf zwei, drei Stiche.

Axel zuckte. »Und woher weiß ich, dass es keine Mörderbienen waren?«

»Ganz einfach: Juckt's?

»Ja.«

»Schlimm?«

»Ja.«

»Das heißt, du spürst was. Und das heißt, du lebst noch.«

Der alte Güterbahnhof war verlassen, die Gleise rostig und von Unkraut überwuchert. Sie endeten alle hier. Keiner von uns wusste, wo sie hinführten, sie verloren sich in der Ferne. Seit Jahrzehnten hatte hier kein Zug mehr gehalten.

An der schiefen Tür hing ein Schild: *Betreten verboten.* Das interessierte uns nicht, unser Weg führte durch ein Fenster daneben hinein. Die Scheiben waren längst herausgebrochen.

Kaum waren wir drin, klingelte mein Handy. Also hatte der Typ uns doch erkannt!

Ich schluckte, Robbie sah mich bang an, Axel hörte auf, sich zu kratzten. Ich atmete tief durch und ging ran. Ein Wandelnder Geist weicht keinem Kampf aus.

Es war Ma. Sie wollte wissen, ob wir auch wirklich eingecremt waren. »Heute wird eine neue Rekordhitze erwartet.«

»Sind wir«, sagte ich erleichtert. »Fünfziger Sonnenschutz. Und wir sind im Schatten.«

»Habt ihr Spaß?«

»Klar«, sagte ich.

Axel kratzte sich wieder. Er kratzte wie verrückt, seine Bienenstiche waren rot und dick angeschwollen.

»Sehr schön.«

Wir legten auf.

Ich sagte zu Axel: »Nicht kratzen! Kühlen.«

Er griff nach dem Rucksack.

»Nicht mit unserem Trinkwasser«, befahl ich. »Das brauchen wir bei der Rekordhitze noch.«

»Und womit dann? Es juckt! Es juckt immer schlimmer!«, rief er panisch. »Das waren bestimmt doch mutierte Mörderbienen.«

»Die Wände sind kühl«, sagte Robbie, und das stimmte halbwegs.

Es war ein altes, feuchtes Gemäuer. Axel riss sich das Shirt über den Kopf und schrabbte sich an den dreckigen Ziegeln wie ein Bär an einem Baum. Loser Putz bröselte unter seiner Brust zu Boden.

»Nicht kratzen«, mahnte ich.

»Es juckt!«, schrie Axel und schrabbte über einen abgebrochenen rostigen Nagel in der Wand. Er fluchte und blutete aus der Schulter.

»Das ist gut«, sagte Robbie. »Du musst das Gift rausbluten. Wie Schlangengift.«

»Aber ohne Kratzen«, beharrte ich.

»Wie?« Axel stampfte auf den Boden. »Sag schon, wie?«

»Zeig her.« Ich sah mir die Stiche an. Die roten Flecken waren kreisrund, nicht ausgefranst. Sie pulsierten auch nicht wie Mörderbienenstiche. »Das waren normale Bienen.«

»Aber es juckt.«

»Dann hättest du dich halt nicht stechen lassen sollen. So wie wir.«

»Ich hatte den Rucksack!«

»Sei froh! Der schützt wie eine Rüstung. Ohne ihn wär dein Rücken total zerstochen.«

Axel nickte, das schien ihm einzuleuchten.

Wir stiegen durch ein Fenster auf der anderen Seite wieder in die Sonne hinaus, stapften durch hüfthohes Unkraut und stießen schon nach wenigen Metern auf einen alten verwitterten Wegweiser für Wanderer. Er war aus hellem Holz und voller Risse. Auf dem pfeilförmigen Schild war ein dunkelblaues Rechteck aufgemalt, in ihm ein weißer Kreis.

»Ein Vollmond«, sagte Robbie. »Das Dunkelblau ist der Nachthimmel.«

Wenn man wusste, wonach man suchte, war es leicht, die Spuren zu lesen, die der alte Ringler überall verborgen hatte. Wir folgten dem Pfeil den alten Wanderweg entlang. Löwenzahn, Brennnesseln und Teufelskraut wucherten an seinem Rand. Als der Weg einen Bogen in Richtung Wälder schlug, gingen wir geradeaus weiter, einfach querfeldein.

Axel trottete an letzter Stelle. »Es juckt noch immer.« Eine Biene hatte ihn direkt im blauen Auge erwischt.

»Tu Spucke drauf«, riet ich ihm. »Das kühlt und heilt.«

Axel spuckte sich auf die Stiche an den Armen und in die Hände, um sich den Speichel dick ins Gesicht zu schmieren, auf Beine, Brust und Schultern. Es half.

Aber eine Biene war ihm auch unter den Rucksack gekrochen, und an deren Stich im Rücken kam er nicht ran. Er hängte sich den Rucksack vor den Bauch und spuckte mehrmals hoch in die Luft. Schnell bückte er sich unter den herunterregnenden Batzen, aber vergeblich; er traf nie.

Wir konnten ihm nicht helfen. Wir wollten nicht, dass er uns in die Hände spuckte, und er wollte nicht, dass wir ihm auf den Rücken spuckten.

»So weh tut der gar nicht«, sagte er und nahm wieder den Rucksack auf. Das T-Shirt ließ er aus und ruckelte den Rucksack hin und her. Es war wie Kratzen, aber ich sagte nichts.

18. Kapitel

Hinterhalt im Tal der Toten

Die Schatzlinie führte quer über die weite Weide des Bio-Breitners. Etwa dreißig Kühe standen grasend herum, gefleckte, schwarze und zottelbraune durcheinander. Eine fette ließ eben einen gewaltigen dampfenden Fladen fallen, zum Glück zwei Fußbreit neben unserer Strecke. Ich bezweifelte aber, dass alle Kühe so nett gewesen waren.

Wir krochen unter dem Elektrozaun hindurch und stapften schnurgerade über die Weide. Ich ging voraus und peilte zur Orientierung einen Pfosten genau gegenüber an. Gleichzeitig behielt ich den Boden im Blick, um die anderen vor biologischen Stinktretminen zu warnen.

Als wir in der Mitte der Weide angekommen waren, bemerkten wir, dass eine mächtige schwarze Kuh zu unserer Linken keinen Euter besaß. Das hieß, sie war gar keine, sondern ein Stier. Zur gleichen Zeit bemerkte der Stier, dass wir keine Kühe waren, sondern Eindringlinge in seinem Revier. Er senkte den Kopf und schnaubte angriffslustig. Mit dem Vorderhuf kratzte er über die Wiese, als wäre sie sandiger Arenaboden. Abgerissene Blumen und zerquetschte Grashalme spritzten in alle Richtungen. Die weißen Hörner waren armlang und pickelspitz. Plötzlich erinnerte ich mich an einen Artikel aus der *Oberkirchburger Allgemeinen,* leider zu spät.

Bauer aus Falkenhofen rettet Arena-Champion

Erwin Breitner, Bio-Landwirt aus Überzeugung, hält Rinder aus der ganzen Welt. Seine neuste Anschaffung ist ein Stierkampf-Champion aus Spanien, den er vor weiteren blutigen Auftritten in der Arena bewahren wollte. „Da habe ich ihn einfach entführt", sagt er und lächelt verschmitzt. „Bei mir hat er's besser". Breitner will ihn zur Zucht einsetzen, weil der spanische Kampfstier dem ausgestorbenen Auerochsen ähnelt.
Der Auerochse galt einst als äußerst gefährlich und ist zu-

Wir rannten los, so wie wir noch nie gerannt waren. Ich behielt den Zaunpfosten im Blick und raste darauf zu. Robbie stürmte an mir vorbei, doch zu weit links.

»Rechts!«, rief ich. »Rechter!«

Er flatschte in einen Fladen, dass es spritzte, und zog rutschend nach rechts. Hinter uns brüllte der schwarze Stier, die Hufe donnerten über den trockenen Boden.

»Linker!«

Robbie zog nach links, wieder zu weit.

Ich schrie: »Rechter!«

So ging es in einem fort. Robbie rannte in Schlangenlinien wie ein Besoffener, und doch baute er seinen Vorsprung aus. Auch im Zickzack war er schneller als wir.

Axel keuchte hinter mir und konnte sich an mir orientieren. Die Wasserflaschen im Rucksack waren schon halb leer und leichter. Trotzdem fiel er mit jedem Schritt zurück.

Der Boden bebte unter den stampfenden Hufen. Es schlug wahre Funkenregen, wenn der Stier über Feuersteine stürmte, grünes Gras verdorrte in einem Atemzug zu Heu. Verängstigte Kühe stoben in alle Richtungen davon.

Robbie setzte locker und leicht mit einem Satz über den Zaun hinweg. Ich legte die Hände auf den

Pfosten und folgte ihm im Bocksprung. Noch im Flug wirbelte ich herum, um nach Axel zu schauen. Er war noch mindestens fünfzehn Meter entfernt. Der funkenschlagende Stier war ihm dicht auf den Fersen.

»Schneller!«, brüllte ich, aber Axel hörte wieder mal nicht auf mich. Der Stier leider schon.

Noch zehn Meter für Axel, noch neun, noch acht.

Sieben.

Sechs.

Fünf.

Vier.

Zur drei, zwei und eins kam er leider nicht. Der Stier erwischte ihn vorher und nahm ihn auf die Hörner. Er warf den Kopf in den Nacken und schleuderte Axel im hohen Bogen über uns hinweg. Dann stemmte er die Hufe in den Boden und grub zwei Handbreit tiefe Furchen als Bremsspur in die Erde. Schweißschnaubend kam der Stier direkt am Zaun zu stehen.

Axel wirbelte schmerzächzend und mit rudernden Armen durch die Luft. Weit hinter uns prallte er bäuchlings auf das Gras. Der Rucksack knallte ihm ins Kreuz. Wir hasteten hin und halfen ihm auf.

Robbie fragte: »Mensch, Kleiner, warum bist du nicht schneller gelaufen?«

Axel keuchte und betastete die schmerzenden Arme, Beine und Rippen. Nichts schien gebrochen zu sein, er hatte nur ein paar Kratzer und Blutergüsse abbekommen. Wenn er so weitermachte, würde er morgen komplett blau sein und könnte sich als friedliches Alien ausgeben.

»Du hättest besser mal kein rotes T-Shirt angezogen«, erklärte ich ihm, bevor er wieder mit der Rucksack-Ausrede kommen konnte. Dabei hatte er das Taschetragen gestern mit Pflastersteinen trainiert. »Du weißt doch, wie Stiere auf Rot reagieren.«

»Aber ich hab's doch gar nicht an!«, keuchte Axel und betastete seine Zähne.

»Noch schlimmer. Es hängt dir aus dem Hosenbund wie ein Stierkämpfertuch. So riskierst du den Proviant der ganzen Truppe.«

»Aber Schwamm drüber«, sagte Robbie freundschaftlich, »jeder macht mal einen Fehler.«

»Okay, danke«, sagte Axel zerknirscht und stopfte sein T-Shirt in den Rucksack.

Wir stopften unsere in den Hosenbund. Sie waren nicht rot, und wir mussten Axel nicht auch noch das Gewicht aufbürden.

Eine Viertelstunde später erreichten wir die alte Kiesgrube, die längst als Schuttplatz diente. Sie war geschlossen, aber Zäune waren schon lange kein Hindernis für uns.

Drinnen fanden wir einen angeknacksten Mondglobus auf einem rostigen Umleitungsschild. Wir folgten ihm zurück ins Dorf.

Ein Papagei in der alten Eiche verkündete: »Schwachköpfe! Alles Schwachköpfe!«

Jedem Hindernis und jedem Gegner hatten wir bis jetzt getrotzt, waren Grobmayrs rotierenden Klingen ebenso entkommen wie allen Drohungen mit der Polizei. Wir hatten das Reich des tyrannischen Lionel durchquert und die immer gewinnende Prinzessin Eleanor trotz ihrer hinterhältigen Footbag-List hinter uns gelassen. Wir wussten, wie wir uns durch Feindesland bewegen mussten. Doch dann erwischte uns ausgerechnet Großtante Mechthild, als wir ihren Garten streiften.

Großtante Mechthild war dreiundneunzig, hatte wasserblaue Augen und sternenweißes Haar und lebte allein. Pa betonte immer, wie topfit sie noch war, aber ich war da nicht so sicher. Ich hatte sie nie Liegestütze machen sehen.

»Ach, ist das schön, dass ihr mich mal wieder besucht! Kommt rein!«, jauchzte sie, dann lächelte sie Robbie an. »Und einen entzückenden Begleiter habt ihr auch mitgebracht. Herein, herein!«

»Aber Tante, wir ...«

»Habt ihr schon gefrühstückt?«, schnitt sie uns das Wort ab.

»Ja!«, rief ich, aber es half nichts. Nichts half gegen das, was Großtante Mechthild Gastfreundschaft nannte. Alle anderen nannten es Gastmast.

»Dann also Brunch«, trällerte sie fröhlich. »Früher gab's das nicht, aber jetzt ist das ja ganz modern. Ganz modern.«

Alles, was sie nicht verstand, war für sie modern. Deswegen verstand sie es immer noch nicht, kam aber damit klar.

Sie packte mich mit der Rechten, Axel mit der Linken, und zog uns unerbittlich auf die Terrasse. Ihr Griff war stählern. Robbie dackelte wohl oder übel hinterher.

»Wollt ihr Kakao? Ich habe frische Milch vom Breitner.«

»Lieber Saft«, sagte ich, weil das schneller ging. Den musste man nicht warm machen.

Axel und Robbie nickten heftig. »Wir auch.«

»Zieht bitte eure Hemden an, Jungens.« Sie schüttelte den Kopf. »Früher ist man nicht halb nackt auf der Straße herumgehopst. Das schickt sich nicht.«

»Ist aber modern«, sagte ich.

»Nicht an meinem Tisch.«

Seufzend schlüpften wir in die T-Shirts, Axel holte seins aus dem Rucksack.

»Wie siehst du überhaupt aus?«, fragte sie ihn vorwurfsvoll und deutete auf einen Stuhl mit Blümchenkissen. »Setzt dich. Hast du dich geprügelt?«

»Nein, nein«, sagte ich schnell und grinste. »Blaue Augen sind jetzt modern.«

»Also ehrlich, so ein Humbug.« Lachend schüttelte sie den Kopf, fragte aber nicht weiter. Sie sagte immer, Jungs durften Geheimnisse haben, solange die ihnen nicht auf den Appetit schlugen. Sie stopfte uns blütenweiße Servietten in den Kragen und stapelte Brötchen, Kuchen und Obst auf unsere Teller. »Wer möchte Sahne?«

»Danke, nein«, sagten wir, um Zeit zu sparen.

Sie schlug trotzdem welche und verkündete siegessicher: »Wenn sie da ist, geht sie schon weg.«

Und sie ging weg.

Tante Mechthild besaß eine berstend volle Speisekammer, zwei mannshohe Kühlschränke und eine Gefriertruhe, in die eine halbe Sau passte. Unter dem

Haus hatte sie einen allgemeinen Vorratskeller, einen schmalen Kartoffelkeller und einen breiten Weinkeller, in dem es sogar Dutzende Flaschen aus dem letzten Jahrtausend gab. Sie wollte vorbereitet sein, falls mal zufällig überraschend hundert ungeladene Gäste auftauchten. Am liebsten hätte sie alle Wände innen und außen mit Lebkuchen tapeziert.

Wir schlangen Kuchen, Semmeln und Saft herunter. Sie briet inzwischen Speck und Eier und füllte unsere Gläser erneut. Dabei erzählte sie pausenlos von früher, als Jungs noch fesche Hemden getragen hatten und richtig essen konnten, weil sie den ganzen Tag an der frischen Luft waren, auch im Winter.

»Nachschlag?«, fragte sie immer dann, wenn wir gerade kauten. Bevor wir ein *»Nein«* herauswürgen konnten, war der Teller schon wieder voll.

»Wir müssen wirklich los«, bettelte ich verzweifelt nach dem fünften Stück Kuchen. Jeden Moment rechnete ich damit, dass Eleanor an uns vorbeizog.

»Aber ihr seid doch gerade erst gekommen«, sagte Tante Mechthild und klatschte mir eine Kelle Rührei auf den Teller. Dann drehte sie sich zu Axel und fragte: »Willst du Eis zum Marmorkuchen?«

»Ich hab doch keinen Kuchen mehr«, sagte Axel, und – klatsch – hatte er wieder ein Stück.

»Schoko, Vanille oder Erdbeere?«, fragte Großtante Mechthild. »Oder das moderne Stracciatella? Das ist aber im Keller.«

»Schoko«, seufzte Axel.

»Wie dein Vater, der war auch immer so mager«, sagte Großtante Mechthild und erzählte noch mehr von früher. Drei Stunden lang mästete sie uns ohne Pause. Jedes Mal, wenn wir aufspringen wollten, sagte sie: »Was sind das für Manieren? Was man sich auf den Teller tut, wird aufgegessen.«

»Aber wir haben nicht ...«

»Keine Ausflüchte, mein Junge. Sonst regnet's morgen.«

Egal, was wir versuchten, nie waren unsere drei Teller zugleich leer. War einer leer, legte sie nach. Waren zwei beinahe leer, tat sie es auch. Abhauen konnten wir nicht, dann würde sie Pa anrufen, und der uns.

»Ach, du meine Güte, halb eins«, stieß sie irgendwann hervor. »Wie die Zeit vergeht. Wollt ihr zum Mittagessen bleiben?«

»Nein«, stöhnten wir. »Wir müssen wirklich los.«

»Gut, gut.« Beschwichtigend hob sie die Hände. »Ihr jungen Leute habt es immer so eilig, sogar am Sonntag. Euer Vater war genauso. Da fällt mir eine Geschichte ein, wie er ...«

»Kennen wir«, fiel ich ihr verzweifelt ins Wort. Mein Bauch rumorte und war rund wie ein Medizinball, nur schwerer.

»Ja, ja, diese Eile.« Sie seufzte. »Ich hol euch nur noch schnell eure Schokolade.«

»Bitte, Tante, das muss nicht ...«

»Papperlapapp!« Mit einem nachsichtigen Lächeln schlich sie ins Haus. Von wegen topfit. Es dauerte ewig, bis sie uns zwei Schokohasen brachte. »Die warten seit Ostern auf euch.«

»Danke.« Wir sprangen auf.

Robbie drückte sie eine Tafel Vollmilch in die Hand. »Ich hab leider nur noch zwei Hasen.«

»Macht nichts«, sagte Robbie. »Danke.«

Wir drängten los, sie fragte: »Hab ich euch eigentlich schon was für euer Zeugnis gegeben?«

»Wir haben Bücher bekommen«, rief ich.

»Ach, Bücher. Papperlapapp«, sagte sie. »Nicht von mir. Setzt euch!« Und sie schlurfte wieder ins Haus.

Wir setzten uns.

Irgendwann brachte sie ihren Geldbeutel und gab uns für jeden Einser zwei Euro. Weil da nicht viel zusammenkam, bezahlte sie auch Robbie, sogar für Sport. Wenn er das daheim ablieferte, stand er bei seinem Vater nur noch fünfzig Cent in der Schuld.

Dann musste Axel aufs Klo, dann Robbie und ich. Und endlich konnten wir los. Wir waren so pappsatt, dass wir kaum noch laufen konnten, vom Rennen ganz zu schweigen.

Am frühen Nachmittag drangen wir wieder in das Gebiet von Lionels Gang ein. Die Sonne brannte wie über dem Tal der Toten, kein Lüftchen regte sich mehr, die Schokohasen waren zu Klumpen geschmolzen. Wieder einmal kreiste ein Bussard hoch über uns und stieß gellende Rufe aus. Hier unten herrschte drückende Stille. Die Straßen waren wie leergefegt, kein Käfer brummte, keine Grille zirpte, kein Hund bellte.

Längst hatten wir die T-Shirts wieder ausgezogen. Trotz unserer Wackersteinbäuche fielen wir in einen leichten Trab. Je schneller wir hier durch waren, umso besser. Wir achteten auf jeden Schatten und jedes leise Rascheln in den Hecken, sahen nach rechts und links, nach vorn und nach hinten. Und doch gerieten wir an einem Rohbau am Siedlungsrand in einen Hinterhalt. Schneller, als wir zwinkern konnten, hatte uns Lionels Gang umstellt. Es waren sieben oder acht Jungs. Sie alle hatten die Arme verschränkt und guckten böse.

»Lügner!« Lionel stierte Axel oberböse an. Sein rechter Fuß ruhte auf einer Holzpalette wie auf einem erlegten Tier. Er trug keinen Anzug mehr, sondern ein Safarihemd in Tarnfarben. »Hinter dem Mondbild in der Kirche war kein Schatz.«

»Was geht uns das an?« Ich stellte mich breitbeinig vor Axel. Robbie ging hinter Axel in Stellung und deckte seinen Rücken.

»Der Winzling hat das behauptet. Und dafür zahlt er jetzt.«

»Ich bin kein Winzling«, protestierte Axel und drückte die Brust raus.

»Sei ruhig«, befahl ich und fragte Lionel: »Warum legst du dich immer mit Schwächeren an? Probier's doch mal mit mir.«

»Aus dem Weg, sonst setzt's was!«

»Ja, aus dem Weg«, knurrte der riesige Henry und baute sich neben Lionel auf. Bauschutt knirschte unter seinen schweren Füßen, ein Dachziegel zerbröselte zu Staub. Henrys rechter Mundwinkel war grimmig nach unten verzerrt. Wie immer gab er das dumpfe Echo von Lionels Drohungen und knackte mit den Fingern. »Sonst setzt's richtig was.«

»Nein!« Ich verschränkte die Arme auch und spannte die Muskeln an. Noch einmal würde ich nicht zulassen, dass er meinen Bruder vermöbelte.

Oder irgendwer sonst. In meinem Bauch drückte das siebte Stück Kuchen knurrend auf die Rühreier.

»Willst du echt auf die Fresse?« Lionel reckte den Hals. Er wirkte wie ein Revolverheld vor dem Duell.

»Ja, Fresse, he? Voll drauf, oder?« Henrys Finger knackten laut wie Schüsse. Der Bussard über uns schrie und kreiste hungrig.

»Das Knacken ist ungesund für die Gelenke«, sagte Axel. Das hatte er von Ma.

»Schnauze, Lügner!«, zischte Lionel.

»Ja, Schnauze, Lügner«, wiederholte Henry drückte demonstrativ seine Finger durch. Sie knackten nicht mehr. Es war wie das Klicken eines leeren Revolvers.

»Selber Lügner!«, spie Axel hervor. »Ich sag euch nicht, wo der Schatz ist!«

Lionel lachte. »Sucht ihr Verlierer den immer noch?« Auffordernd sah er sich im Kreis um. Die ganze Gang lachte. »Habt ihr noch nicht gerafft, dass der Schatz eine Lüge ist? Mein Vater hat's mir verraten, und der kennt jeden bei der Bank und der Zeitung. Das ist nur ein Hirngespinst für Träumer!«

»Was kümmert's dich dann, dass hinter dem Bild nichts war?«, fragte ich.

Lionels Augen verengten sich zu Schlitzen wie Schießscharten. »Deswegen musste ich mich entschuldigen.« Das *Entschuldigen* spie er aus wie einen vergammelten Froschschenkel. »Und ich entschuldige mich sonst nicht. Bei niemandem.«

»Bei gar niemanden«, echote Henry halbherzig und betastete misstrauisch seine Hände, als wären sie kaputt.

»Das bedeutet Rache!«

»Ja, furchtsame Rache!« Henry grinste schief. Bei dem Wort Rache war er wieder voll bei der Sache, auch wenn er *furchtsam* und *furchtbar* verwechselte.

»Und zwar jetzt!«, stieß Lionel hervor, und seine sechs Jungs fielen über uns her. Er selbst hielt sich wie ein Feldherr im Hintergrund, den rechte Fuß noch immer auf der Palette.

Robbie und ich kämpften wie besessen, um sie von Axel fernzuhalten. Wir warfen uns in jeden Tritt und Schlag, stießen Angreifer zurück und fingen fliegende Fäuste ab. Ohne Rücksicht auf uns selbst blockten wir jeden ab. Noch mal würden sie unseren Kleinen nicht verdreschen!

Henry prügelte mit aller Wucht auf uns ein, Martin möglichst von hinten, die anderen irgendwie. Wir knickten nicht ein, und ich bin sicher, wir hätten Axel noch lange mit unseren zähen Körpern schützen können, hätte der Trottel keinen Ausfall gemacht. Mit einem Aufschrei schlüpfte er zwischen uns hindurch und warf sich todesmutig ins Gefecht.

Flink wich er Henrys gewaltigen Pranken aus und glitt an allen grapschenden Griffeln vorbei. Wutschnaubend durchbrach er die Linien des feindlichen Fußvolks und stürzte sich auf Lionel. Er brüllte: »Das dritte Gebot Phantoms verlangt, Schwächeren nach Kräften zu helfen!« Dann trat er ihm mit voller Wucht gegen das linke Schienbein.

Lionel sprang jammernd zurück.

»Das zweite lautet: Gewalt zu vermeiden!« Axel rammte Lionel stiergleich den Kopf in den Bauch und rannte ihn um. Keifend wälzten sie sich über den Boden, Lionel zog Axel an den Haaren und am frisch gepiercten Ohr. Sekundenlang wogte der Kampf hin und her. Dann sprangen Martin und Henry ihrem Captain zur Seite, packten Axel und hielten ihn fest. Nun konnte Lionel ungefährdet zuschlagen, und er tat es ausführlich.

Robbies Zornsprossen leuchteten hell wie glühende Kohlen. Verzweifelt versuchten er und ich alles, um Axel beizustehen, aber wir wurden zu Boden gerungen. Gegen eine solche Überzahl waren selbst wir Wandelnden Geister machtlos.

»Immer weiter, immer weiter!«, schrie Lionel, damit seine Kameraden nicht aufhörten. Er war knallrot im Gesicht, vor Anstrengung, Scham und

Wut. Speichel rann ihm aus dem Mundwinkel, seine teure Frisur war zerzaust.

»Viel, viel weiter«, echote Henry mit einem schiefen Grinsen. Jetzt knackte sein Kiefer und sein Hals.

Fieberhaft suchte ich nach einem Ausweg, einem Plan, einer Idee, die Axel retten würde. Doch alles, was ich denken konnte, war: *Das wird wehtun. Das wird höllisch wehtun.*

Henry hob beide Fäuste wie ein Wrestler, und zwar einer von den Bösen. In genau diesem Moment bog ein riesiger Traktor in die Straße. Er hupte wütend, die Lichter blendeten grell und warnend auf. Der Motor knurrte drohend wie ein Hund.

Lionel rief hastig: »Die haben genug!«

Er und seine Gang stürmten mit abgewandten Gesichtern davon. Sie wollten nicht erkannt werden, nicht von einem Erwachsenen. Der Traktor gab Gas und jagte hinter ihnen her. Auf dem Sitz saß der lachende Grobmayr, in jedem Mundwinkel eine Kippe. Eine dritte schnippte er den Fliehenden hinterher. Sie zerstob zwischen Lionels Füßen zu tausend Feuersplittern. Lionel japste feige auf und rannte schneller. Die Gang bog in die nächste Straße und war fort, der Traktor raste geradeaus weiter.

Der Bussard über uns schrie enttäuscht.

Wir rappelten uns halb auf, husteten den geschluckten Baustellendreck wieder raus und sahen dem Traktor dankbar hinterher. Axels zweites Auge war nun ebenso dick wie das erste.

Auf dem Sitz über dem linken Rad saß Eleanor und lächelte über die Schulter zurück. Auf dem rechten saß Du-da und klammerte sich ängstlich an die Halterung. Außerhalb des Dorfs wurde die Straße zum Feldweg, und die Schatzlinie führte genau an ihm entlang.

19. Kapitel

Im dunklen Herz des Waldes

Mühsam kamen wir auf die Beine und spuckten Blut, Dreck und Speichel. Die Dankbarkeit in unserem Blick war längst Entsetzen gewichen. Eleanor wandte uns wieder den Rücken zu.

»Wieso hilft der Grobmayr ihr?« Axel schüttelte den Kopf. »Der hilft niemandem!«

»Na ja«, sagte ich. »Uns hat er gerade geholfen.«

»Ja, aber nur aus Versehen! Der wollte doch nur die anderen plattfahren!«, stieß Axel hervor, zog sich einen losen Eckzahn aus dem Mund und steckte ihn in die Hosentasche.

»Was ...?« Mein Mund klappte auf.

Axel winkte ab. »War schon lose. Milchzahn.«

Robbie hatte davon nichts mitbekommen. Er starrte noch immer fassungslos dem Traktor hinterher und murmelte: »Immer. Sie schafft es immer.«

»Nicht aufgeben!«, verlangte ich, und mit zusammengebissenen Zähnen hinkten wir ihnen hinterher. Der Vorsprung des rasenden Traktors wurde mit jeder Sekunde größer. Seine gewaltigen Räder wirbelten eine Staubwolke auf, die wie trockener Nebel in der Luft hängen blieb. Die Welt dahinter verschwamm zu grauen Schemen.

Doch dann, noch vor dem wilden Uferbewuchs der Isach, leuchteten plötzlich Grobmayrs Bremslichter auf, und er bog nach links, fort von der Schatzlinie. Ich riss das Fernglas aus Axels Tasche und starrte hindurch. Eleanor saß weiter seelenruhig auf dem Sitz. Ich sah zu der Stelle, an der sie abgebogen war, doch im grauen Nebel konnte ich keinen neuen Hinweis des alten Ringler entdecken. Eigentlich konnte ich gar nichts entdecken.

Hatte sie einen Fehler gemacht?

War sie nur durch Zufall hier vorbeigekommen und hatte die Geheimbotschaft vom Fischweiher noch gar nicht entziffert?

War sie uns längst voraus und jagte dem nächsten Hinweis nach, den wir noch gar nicht gefunden hatten?

Oder hatte sie aufgegeben wie Lionel?

Ein Hirngespinst für Träumer, hatte der Idiot gesagt. Aber was wusste der schon? Was wusste sein Vater? Nichts! Er hatte nicht gesehen, was wir gesehen hatten. Er konnte nichts wissen, er hatte nie gesucht, nicht richtig, nur kurz in der Kirche. Wir wären nicht so weit gekommen, wenn es den Schatz nicht gebe.

Oder?

Zu viel Fantasie, hatte Ma gesagt, aber woher wollte sie das wissen? Sie war nicht dem Lauf einer Piratenkanone gefolgt, nicht dem Pfeil eines Drachen und keiner Geheimbotschaft. Wir hatten das alles gefunden, das war keine Einbildung!

»Gib her«, sagte Robbie plötzlich und nahm Axel den Rucksack ab. Darin steckte noch immer der spärliche Restproviant, den wir nach der Mästung durch Großtante Mechthild ganz sicher nicht brauchen würden.

»Aber du bist der Boss«, protestierte Axel. »Ich bin der Träger.«

»Ein richtiger Boss trägt selbst. Der lässt auch nicht feige andere kämpfen wie Lionel.« Robbie spuckte lässig einen Milchzahn aus, hob ihn auf und steckte ihn ein. »Du hast genug Zeug in deinen Taschen.«

»Wir«, sagte ich schnell. »Wir sind der Boss. Wir tragen alle abwechselnd.«

»Okay.« Robbie und Axel nickten.

Ich betastete meinen Mund nach einem losen Milchzahn und rüttelte hier und da. Ich wollte auch einen im Kampf verlieren, ich wollte auch eine heldenhafte Verletzung davontragen. Aber meine Zähne saßen zu fest.

Entschlossen schleppten wir uns in den grauen Nebel hinein. Der Staub hing reglos in der Windstille und wollte sich nicht wieder legen. Er kroch uns in Nase, Mund und Ohren und schluckte alle Geräusche von außerhalb. Bald war er so dicht, dass wir nur langsame Schritte wie in Zeitlupe machen konnten. So dicht, dass wir keine Luft mehr bekamen. Es war, als wateten wir über den Grund eines Staubmeers. Um aufzutauchen, hätten wir fliegen können müssen.

Ich japste nach Luft, bekam aber nur Dreck in meine Lunge. Ich spuckte aus. Wir würden es nie hindurchschaffen, bevor wir erstickten. Axel wankte vor mir, vor ihm taumelte Robbie unter dem Gewicht des Rucksacks. Mit letzter Kraft und den Armbewegungen eines Brustschwimmers wühlte ich mich zu ihm vor, riss den Rucksack auf und die halb leeren Getränkeflaschen heraus. Da, wo keine Flüssigkeit war, war Luft. Die Erste hielt ich direkt an Axels Mund und öffnete den Verschluss. Er umschloss die Öffnung mit seinen Lippen und sog die Luft ein. Es klappte! Dankbar sah er mich an. Dann fütterte er Robbie mit

Sauerstoff, während ich die dritte Flasche für mich nahm. Luftnuckelnd durchquerten wir das Staubmeer und traten vollkommen zugestaubt wieder an die Sonne.

Bevor wir die Flaschen wegpackten, füllten wir wieder frische Luft in die oberen Hälften.

Dort, wo der Grobmayr abgebogen war, fand sich tatsächlich keine Botschaft, kein Mond, kein Pfeil und kein Hinweis. Wenn Eleanor uns nicht weit voraus war, war sie falsch. Hoffnungsvoll stapften wir geradeaus weiter. Wir brachen durch die Uferböschung und stiegen zur Isach hinab. Dort folgten wir der Schatzlinie in den Fluss, und die Isach spülte das Grau von unseren Füßen und Beinen. Als uns das Wasser bis zur Hüfte ging, tauchten wir ganz unter, um allen Staub von uns zu waschen.

Dann stapften wir weiter. Kleine Wellen plätscherten uns gegen die Bäuche. Genau hier machte die Isach eine Biegung. Wir mussten sie also nicht durchqueren, um der Schatzlinie zu folgen, sondern in ihr flussaufwärts waten. Natürlich gegen die Strömung.

Tatendurstig schritten wir gegen das sanfte Plätschern an. Was anfangs leicht war, stellte sich schon bald als kraftraubend heraus. Mit jeder Minute, die verstrich, wurden unsere Schritte schwerer und kürzer. Irgendwann ging das Wasser Robbie und mir bis zur Brust, dem kleinen Nichtschwimmer Axel bis zur Nase. Wir stützten ihn unter den Achseln und zogen ihn mit. In der Ferne war ein Rauschen zu hören.

Der Druck der Isach nahm zu, die Wellen kräuselten sich wilder, die Strömung wurde stärker, der Uferbewuchs höher und dichter, das Rauschen lauter. Es stammte vom Wasserfall am Rand des Udanwalds. Er war mehrere Meter hoch und stürzte zwischen mächtigen gespaltenen Felsen herab. Wir stapften direkt auf ihn zu.

Die Strömung wurde stärker. Sich überschlagende Wellen schwappten in unsere Münder. Fast verloren wir den Grund unter den Füßen. Die Isach wurde tiefer. Wenige Meter vor dem Wasserfall blieben wir stehen. Axel musste das Kinn in die Höhe recken, wenn er nicht den halben Fluss schlucken wollte.

Die herabstürzenden Wassermassen hatten sich tief in den Boden gegraben, keiner von uns würde unter dem Wasserfall stehen können. Doch die Schatzlinie führte uns direkt hinein.

»Da ist bestimmt eine Höhle!«, rief ich, um das dröhnende Rauschen zu übertönen. »Höhlen unter Wasserfällen sind beliebte Verstecke.«

Robbie hob den Daumen und tauchte schneller als ein italienischer Hai unter den Wasserfall. Automatisch zählte ich die Sekunden, bis er wieder auftauchte. Ich zählte lang.

Endlich kam er prustend unter dem Wasserfall zum Vorschein. Er schüttelte den Kopf. Ich fluchte. Also mussten wir hinauf. Alle, auch unser Nichtschwimmer Axel.

Nur wie?

»Ist doch egal, ob ich schwimmen kann«, sagte Axel. »Wir müssen klettern. Raufschwimmen können wir eh nicht.«

»Ach nee, ehrlich?«, spottete ich. »Und wie kommst du erst mal durchs tiefe Wasser hinüber?«

»Oh«, machte Axel und sah mich verwundert an. »Hast du keinen Plan?«

Und ruckzuck hatte ich einen. Aus den beiden Rucksackriemen, unseren Hosen und T-Shirts und langen, geflochtenen Grashalmen vom Ufer knotete ich ein starkes Seil zusammen und legte es ihm um die nackte Brust. In Unterhosen tauchte ich zu Robbie unter den Wasserfall, und gemeinsam zogen wir Axel zu uns herüber.

Sicherheitshalber ließen wir ihn angeseilt und kletterten die glitschig nassen Felsen unter dem Wasserfall hinauf. In den zahlreichen Rissen und Spalten fanden wir Halt. Die Kante oben war am schwierigsten, doch wir meisterten auch sie. Axel wurde einmal halb runtergespült und schlug sich das Knie auf, aber das war inzwischen auch schon egal. Hauptsache, das Seil hielt.

Oben machten wir daraus ein Lasso, und Robbie warf es über einen Baumstumpf am Ufer. Mit einem Ruck zurrte er es fest. Dann hangelten wir uns daran gegen die drängende Strömung aus der Isach.

Wir rollten uns ans Ufer und blieben auf dem Rücken liegen, bis wir wieder bei Atem waren. Unsere Armmuskeln zuckten. Langsam rappelten wir uns auf und zogen uns an. Die Sonne brannte den Stoff auf unserer Haut trocken. Wasserdampfend folgten wir der Schatzlinie in den Wald. Wir durften keine Zeit verlieren.

Gleich hinter den ersten Bäumen kletterten wir über einen gewaltigen Holzwall des knurrigen, karierten Kettensägenclans. Die einzelnen Stämme des Walls waren mit blutig roten Schriftzeichen markiert. Rasch überflogen wir die Zahlen, Kürzel und alle merkwürdigen Zeichen, doch einen Mond entdeckten wir nicht. Unbeirrt stapften wir weiter.

Wir balancierten über gefällte Baumriesen und überquerten ausgetrocknete Gräben, auf deren Grund schwarzes Getier kreuchte.

Tiefer und tiefer drangen wir in den Wald. Die Spuren des knatternden Kettensägenclans wurden weniger, das Unterholz mit jeder Minute dichter. Wir stießen in wilde und weglose Regionen vor, die sonst von allen Menschen gemieden wurden. Grüne und lila Pilze wucherten zwischen Wurzeln, die aus dem Boden quollen. Die Luft roch süßlich und schwer wie das Parfüm von Frau Hartmann. Die alten Bäume standen dschungeldicht.

Schon bald versperrte uns ein riesiger wimmelnder Ameisenhaufen den Weg. Es waren große rote Waldameisen. Ihr Biss brannte stärker als der von Termiten.

»Peter Baumgartners Onkel ist mal volltrunken in so einen Haufen gefallen«, erzählte Robbie. »Er war hackedicht, nichts auf der Welt konnte ihn wecken. Am Morgen erwachte er bis auf die Knochen abgenagt. Oder eben nicht.«

Wir waren zwar nüchtern, wollten aber trotzdem nichts riskieren. Wir suchten uns lange Stöcke und setzten wie Stabhochspringer über den Haufen hinweg.

Der Wald wurde dunkler, die Bäume älter, das Unterholz dichter. Wir durchquerten die schlürfenden Sümpfe der satanischen Schatten und ließen eine sonnige Feenlichtung links liegen. Wir entkamen einer Bande mies gelaunter Wildsäue, fanden leere Patronenhülsen und krochen durch eine hohle Eiche.

Schließlich kamen wir dahin, wo der Wald am dunkelsten war und nicht mal die stärkste Augustsonne durch die Blätter drang. Dort, wo fette borstige Giftspinnen durch die dichten Moose stolzierten und grün schillernde Fliegen so groß waren wie Hornissenköniginnen. Dort, im dunklen Herz des Walds, baumelte ein schmutzig graues Seil in einer gewaltigen Blutbuche.

Am Seilende hingen drei zusammengeknotete Stöcke, die eine Pfeilspitze bildeten. Diese zeigte auf den Boden. In den Stamm der Buche war ein großer Halbmond geritzt.

Ehrfürchtig starrten wir ihn an.

»Und jetzt?«, fragte Axel.

»Graben wir.«

»Glaubt ihr, wir sind am Ziel? Oder dass es weitergeht?«

»Nicht glauben. Graben!« Aufgeregt warf ich mich auf die Knie, packte das nächstbeste Stück Holz und hackte damit auf die trockene Erde ein. Sie war nicht aufgewühlt, wir waren die Ersten. Eleanor war noch nicht hier gewesen!

»Wenn du dein Messer nicht brauchst, kann ich es dann haben?«, fragte Axel.

»Nein«, sagte ich und wollte ihm das Holzstück zuwerfen. Dann dachte ich, dass er sich eine Belohnung verdient hatte, so wie er Lionel gegen das Schienbein getreten hatte, und gab ihm das Messer. »Pass aber bloß auf. Wenn du dich schneidest, bin ich wieder schuld.«

»Ich hab mich damit noch nie geschnitten.«

»Du hattest es noch nie.«

Axel entgegnete nichts. Mit leuchtenden Augen klappte er die große Klinge raus.

Schweigend gruben wir zu dritt nebeneinander. Wir gruben und gruben. Wir wühlten Erde, Wurzeln und Steine aus der Tiefe, Regenwürmer, Ameiseneier und ein rostiges Hufeisen. Wir gruben und gruben, und Axel stach mir fast in den Finger.

Fast.

Unsere Hände wurden steif und taub, wir gruben und gruben weiter. Keiner wollte zuerst aufgeben.

Wir gruben und gruben, bis Axel mein Messer tief ins Erdreich stieß und es ein dumpfes knirschendes Geräusch gab. Er zog die Klinge heraus, die Spitze war verbogen. Schuldbewusst sah er mich an.

Ich holte tief Luft, Robbie fragte schnell: »Ein Stein?«

Axel zuckte mit den Schultern, Robbie krallte die Hände in die Erde, ich holte noch mal Luft.

»Da!«, rief Robbie. »Da ist was!«

Axel und ich keuchten auf. Wir kratzten weitere Erde heraus und stießen auf schwarzes Metall. Eine Platte mit Streben und Verzierungen. Es dauerte, bis wir ihren Rand gefunden hatten. Von da erstreckte sich weiteres Metall in die Tiefe. Es war keine Platte, sondern mehr. Keiner wagte es auszusprechen, aber unsere Herzen schlugen wie verrückt. Mein Mund war trocken.

Eine halbe Stunde später hatten wir Gewissheit: Es handelte sich um eine große Truhe aus verkratztem Stahl. Sie war so schwer, dass wir sie nicht aus ihrem Loch bekamen.

Wir schnitten das Seil aus der Blutbuche und bauten mit den Skateboardrollen aus Axels Taschen einen einfachen Flaschenzug. Mit seiner Hilfe wog die Truhe nur noch ein Viertel ihres Gewichts. Wir hängten ihn an den dicksten Ast in der Nähe. Schwitzend und fluchend wuchteten wir die Truhe aus der Tiefe. Der Ast knackte, brach jedoch nicht.

Wir jubelten und ballten die Fäuste, klatschten uns ab und machten die Säge. Dann stellten wir fest, dass die Truhe verschlossen war.

Wir brauchten fünf Minuten, bis wir das Schloss überhaupt fanden. Es war unter einer aufklappbaren Verzierung versteckt.

»Kannst du es knacken?«, fragte Axel, und ich versuchte es mit der Nagelfeile an meinem Messer. Sie brach ab. Vom Schatz würde ich mir als Erstes ein neues Taschenmesser kaufen.

Robbie suchte im Erdloch nach dem Schlüssel.

»Das wär wirklich ein bisschen zu einfach«, sagte ich. »So hart, wie es bisher war.«

»Meinst du?«, fragte er und fand einen Schlüssel.

Wir nahmen mein ramponiertes Messer, um das Schloss vom Dreck zu säubern, und natürlich brach die kleine Klinge ab. Ganz bestimmt würde ich ein neues Messer kaufen, und ganz bestimmt auch ein anderes.

Der Schlüssel passte tatsächlich, und endlich konnten wir die Truhe öffnen. Der Deckel klappte auf und unsere Kiefer runter.

Die Truhe war randvoll gefüllt mit alten Münzen und Schmuck aus hellstem Silber und Gold. Zahllose Ringe und Armreifen, feingliedrige Ketten in allen Längen und aufwändig verzierte Diademe glänzten selbst hier im Schatten des Waldes. In vielen Schmuckstücken waren die herrlichsten Edelsteine eingearbeitet, überall blinkte es in allen Tönen von rot, blau, gelb, grün und türkis. Die Ränder der meisten Münzen waren krumm, auf ihnen waren fremde Wappen abgebildet, doppelköpfige Greifvögel, erhabene Könige und ernste Männer in Kutten oder mit komischen Hüten. Die Schrift bestand nur aus Großbuchstaben, und wir verstanden sie nicht. Aber wir verstanden, was wir gefunden hatten.

»Hirngespinst, was?«, schrie ich übermütig in den Wald. »Zu viel Fantasie, ja?«

Robbie und Axel lachten, niemand sonst antwortete. Wir waren allein und stinkreich! Wir jubelten wieder und wieder, umarmten uns, klatschten uns ab, sprangen auf und ab und gruben unsere Hände tief in den Schatz. Vorsichtig, damit nichts herausschwappte. Die Kanten drückten in meine Haut, das Geschmeide war noch kühl vom Waldboden. Immer wieder überrollten mich Wellen des Glücks. Wir hatten es wirklich geschafft!

»Was, wenn das Testament doch nicht gilt und uns Werner C. Jr. alles wieder abnimmt?«, fragte Axel irgendwann leise. So leise, als wollte er den Gedanken nicht zulassen.

»Das geht nicht!«, rief ich. »Es stand in der Zeitung! Wir müssen den Schatz nur heimschaffen, bevor Eleanor auftaucht und etwas abhaben will.«

»Oder Lionel.«

Schnell sahen wir uns um, aber wir waren noch immer allein.

»Aber wenn Werner C. Jr. sich einen Anwalt nimmt und alles verdreht?« Die Angst, doch noch alles zu verlieren, stand Axel ins Gesicht geschrieben.

Robbie kniete reglos neben der Truhe und ließ ungläubig Münzen durch seine Hände gleiten, wieder und wieder.

»Pa lässt nicht zu, dass er uns das Gold wieder abnimmt!«

»Aber …«

»Kein Aber! Erst mal müssen wir den Schatz heimbringen. Ihr bleibt hier und bewacht den Schatz«, befahl ich. »Ich hol eine Schubkarre.«

Bevor Robbie widersprechen konnte, stürmte ich los. Ja, er lief schneller als ich, aber ich würde mich nicht erwischen lassen. Und darauf kam es an.

Im Dauerlauf folgte ich der Schatzlinie zurück und wich keinen Meter von ihr ab. Als ich vor dem Ameisenhaufen ankam, suchte ich automatisch nach einem geeigneten Stab zum Drüberspringen. Zwei, drei Sekunden lang, dann lief ich einfach lachend außen herum. Wir hatten den Schatz gefunden, ich musste mich an keine Linie mehr halten. Zum Glück war mir das eingefallen, bevor ich den Wasserfall hinabgeschwommen war.

Ich rannte an der Isach entlang zurück ins Dorf. Das Staubmeer hatte sich wieder gelegt.

Es war fast fünf Uhr, als ich auf unser Haus zurannte. Ich bremste ab und sah über den Zaun in den Garten. Ma lag hinten im Schatten und las ein Buch, Pa war nicht zu sehen. Vermutlich war er im Haus.

Vorsichtig schlich ich in die Garage und holte die Schubkarre zwischen Mas Rad und dem Rasenmäher hervor. Auf Zehenspitzen schob ich sie auf die Straße. Nach vorn gebeugt huschte ich hinter dem schützenden Zaun entlang. Als ich unser Grundstück hinter mir hatte, richtete ich mich auf und rannte los. Ich dachte an den wartenden Schatz, und die Brust platzte mir fast vor Freude.

Mit Hilfe des Flaschenzugs hoben wir die Truhe auf die Karre. Dann nahm ich den rechten Griff und Robbie den linken. Mit vereinten Kräften schoben wir. Axel trug den Rucksack und achtete auf den Weg. Trotzdem blieb das Rad immer wieder im Waldboden stecken. Wir kamen quälend langsam voran.

Um kurz vor sechs hatten wir noch keinen Weg erreicht. Ich rief daheim an, dass wir zu spät zum Abendessen kommen würden.

»Warum?«, fragte Ma.

»Das ist eine Überraschung.«

Aus dem Hintergrund rief Pa: »Es gibt warm!«

»Du hast deinen Vater gehört.«

»Es geht nicht schneller, Ma. Aber es ist eine tolle Überraschung.«

»Hast du was gebastelt?«

»Auch«, sagte ich und legte auf. Aber ich glaubte nicht, dass sie sich sonderlich für den Flaschenzug interessieren würde.

Wir machten einen großen Bogen um Lionels Reich und um Großtante Mechthild. Auf der Straße ernteten wir einige komische Blicke, doch niemand versuchte, uns die Kiste abzunehmen. Niemand wusste, was darin war, und wir versuchten verbissen, uns zur Tarnung den Stolz und die Freude nicht anmerken zu lassen.

Als wir daheim ankamen, sahen wir vollkommen ramponiert aus, und das Rad der Schubkarre eierte. Ma entfuhr ein erschreckter Ausruf, Pa rief hungrig im Hintergrund: »Händewaschen! Lang kann man es nicht mehr warm halten!«

Dann zeigten wir ihnen die Kiste, und alles andere war vergessen.

Sie staunten, lachten, strichen uns über die Köpfe und schmatzten uns alle ab, auch Robbie. Dann schickte Ma uns ins Bad, Hände und Gesicht waschen, während Pa einen Sekt öffnete, um anzustoßen. Den teuren, den Ma seit einem halben Jahr für einen besonderen Anlass hortete. Dafür, dass Geld nicht glücklich machte, strahlte sie ziemlich.

Wir bekamen keinen Sekt, sondern Malzbier zum Anstoßen. Und die ganze Zeit ging es: »Prost!«

Und: »Auf euer Wohl!«

Und: »Auf den alten Herrn Ringler!«

Und: »Wie habt ihr ...?«

»Und wo?«

Alles mussten wir bis ins Kleinste erzählen, während der Schweinebraten endgültig kalt wurde. Uns war das egal, wir hatten noch immer keinen Hunger. Ma und Pa waren zu aufgeregt, um zu essen. Immer wieder unterbrachen sie unseren Bericht mit Ausrufen und zogen mal dieses, mal jenes Stück aus dem Schatz, um es zu betrachten. Ganz ehrfürchtig und vorsichtig fassten sie alles an.

»Wer hätte das gedacht?«, fragte Ma immer wieder.

»Ich«, sagte ich.

»Wir«, korrigierte Axel.

»Nie hätte ich das gedacht.« Lachend schüttelte Ma den Kopf. »Niemals.«

Wir breiteten alles auf einer Decke auf dem großen Esstisch aus, und der Schatz bedeckte die ganze Platte und noch zwei Stühle. Weiter unten in der Truhe fanden sich neben Münzen und Schmuck auch zwei Zierdolche aus Gold.

»Den Fund müssen wir melden«, sagte Pa irgendwann. Er sagte *wir,* nicht *ihr.* »Damit es offiziell ist.«

»Morgen«, sagte Ma. »Heute ist Sonntag.«

Wir räumten alles wieder in die Truhe und sperrten sie in den Heizraum, weil der die dicksten Türen im Haus besaß. Noch einmal wühlten wir gemeinsam durch den Schatz und bestaunten einzelne Stücke. Die Münzen waren schwerer als Euros. Den Schmuck hatten Menschen vor Jahrhunderten hergestellt und getragen, und wir hatten ihn entdeckt. Der alte Ringler musste mehr als nur reich gewesen sein.

Robbie sagte leise: »Wir behaupten einfach, ihr hättet ihn allein gefunden. Okay? Meinen und Oskars Anteil nimmt mein Vater doch sowieso nur für sich und verzockt ihn.«

»Okay«, sagte ich. »Aber wir teilen trotzdem gerecht. Dein Vater muss es ja nicht erfahren.«

In der Nacht saßen alle Papageien des alten Ringler im Baum vor unserem Fenster, als wüssten sie von unserem Fund. Fröhlich krächzten sie ihre Beschimpfungen.

»Drecksack!«

»Schwachköpfe! Alles Schwachköpfe!«

»Verdammte Landratte!«

»Hackedichter Popelzuzler!«

Lächelnd lauschte ich, bis ich erschöpft einschlief. Mein Schlaf in dieser Nacht war traumlos, aber was sollte man nach einem solchen Fund auch noch träumen?

20. Kapitel

Der Fluch des Mondschatzes

Robbies Vater erfuhr trotzdem ziemlich schnell von seiner Beteiligung, weil Pa einfach uns alle drei als Finder meldete. Erst wurden wir von der Polizei befragt, dann kamen mehrere Zeitungen und interviewten uns und unsere Eltern. Ma verkündete den Reportern stolz, dass wir unseren Anteil auch mit unserem kranken Freund Oskar teilen wollten.

Jeder, den wir auf der Straße trafen, fragte uns, und wir erzählten es wieder und wieder. Murat Fischer klopfte uns ausdauernd auf den Rücken und bot uns seine Duellierdienste kostenlos an.

»Merken wir uns«, sagte Robbie, aber wir brauchten sie nicht. Lionel und seine Gang ging uns in den Tagen aus dem Weg, und wir ihnen auch.

Nina und Milena kamen extra vorbei und wollten den Schatz sehen, aber der war schon bei den Experten der Polizei.

»Schade«, sagte Nina. Sie war nicht mehr sauer, dass ich sie auf die falsche Fährte mit dem Papageienkot geschickt hatte. »Der Drecksackkrächzer hat am Sonntag auf den verlorenen Geldbeutel von Martin Thiels Vater gekackt. Darin waren drei Scheine mit richtigen Tipps für Fußballwetten und ziemlich viel Bargeld. Wir haben hundert Euro Trinkgeld bekommen!«

Milena lachte. »Irgendwie hattest du also doch recht.«

Auch Du-da, Peter Baumgartner und einige Erwachsene wollten alles über unsere Suche wissen.

Natürlich erzählten wir die Wahrheit, wenn auch nicht die ganze. Für die ganze war meist zu wenig Zeit. Und manche Kleinigkeiten blieben auch besser geheim. Niemand musste wissen, dass ich Eleanor in den Keller gesperrt hatte. Das war unwichtig, und sie wollte bestimmt ebenso wenig verspottet werden wie ich bestraft.

Für unsere Footbag-Partie fanden sich zahlreiche Zeugen, also glaubte man uns auch den Rest. Die *Oberkirchburger Allgemeine* brachte am Dienstag einen Riesenartikel und am Mittwoch noch einen hinterher.

Sie schrieben vom *Millionenfund im Udanwald*, obwohl sie dafür den Wert aufrunden mussten. Auch nannten sie den Schatz *Mondschatz*, nicht *Schatz des alten Ringler*, weil der Redakteur meinte, das klang besser. Uns war das egal, denn im Artikel waren wir Helden.

Und natürlich klagte Werner C. Jr. gegen das Testament aus der Zeitung. Er nannte uns hinterlistige Diebe und seinen verstorbenen Onkel einen altersschwachen, rücksichtslosen Verräter an der Familie. Jeden, den er traf, giftete er an: »Das ist mein Schatz! Meiner!«

»Er hat keine Chance«, beruhigte uns jeder, den wir trafen, auch unser Nachbar, der gerade vom Dienst heimgekehrt war. Noch trug er die Uniformhose, das Käppi hatte er abgelegt, das Hemd gegen ein T-Shirt getauscht. Ich wusste nicht, ob er gerade Herr Kuntz oder Herr Kommissar war und sagte nur kurz: »Danke.« Ohne Namen.

Murat sagte: »Für Werner C. Jr. gilt mein Duellierangebot aber nicht.«

Die Experten der Polizei untersuchten den Schatz gründlich. Dann teilten sie uns mit, es gebe keinen einzigen Hinweis darauf, dass es sich um das ehemalige Eigentum des alten Ringler handelte. Weder in der Truhe noch unter den Papieren im Nachlass fand sich eine Kauf- oder Besitzurkunde.

»Die Urkunden können doch auch in der Villa verbrannt sein, oder?«, fragte ich. »Und von wem sonst sollen die Hinweise gewesen sein, denen wir gefolgt sind?«

»Von niemandem.« Der grauhaarige Schatzbeamte mit der randlosen Brille lächelte nachsichtig. »Ihr seid allein eurer Fantasie gefolgt und habt einfach Glück gehabt.«

»Aber es könnte doch trotzdem sein Schatz gewesen sein.«

Der Beamte schüttelte langsam den Kopf. »Tut mir leid. Ich kann mir einfach nicht vorstellen, dass ein erwachsener Mann so eine Schatzsuche mit seinem Vermögen veranstaltet. Noch dazu ein todkranker Mann wie der selige Herr Ringler. Sein Arzt hält es auch für unwahrscheinlich.«

Ich verstand nicht, warum jemand mit so wenig Vorstellungskraft in der Abteilung für Schätze arbeiten konnte. Ich wollte schon fragen, ob er in seinem Job auch selbst Schätze finden musste, weil Saphira Goldberger schrieb, man brauchte viel Fantasie, da überrollte mich eine andere Frage. Aufgeregt sprudelte es aus mir heraus: »Heißt das, das war ein echter Piratenschatz?«

Der Mann lächelte weiterhin nachsichtig. »Wohl eher ein Fund aus dem Dreißigjährigen Krieg. Damals ging einiges Geld verloren, und die Truhe und die meisten Münzen stammen aus der Zeit. Anfang 17. Jahrhundert.«

Ich konnte mir sehr gut vorstellen, dass der alte Ringler diesen Schatz und noch mehr vor Jahren selbst gefunden hatte. Dann würde es natürlich auch keinen Kaufvertrag geben. Aber das sagte ich nicht, denn mir kam ein ganz anderer Gedanke. Hoffnungsvoll fragte ich: »Wenn das irgendein fremder Schatz war, dann hat Werner C. Jr. doch wirklich gar keinen Anspruch auf das Geld, oder?«

»So ist es«, sagte der Beamte freundlich.

Axel und ich ballten die Siegerfaust. Robbie und Oskar klatschten sich lachend ab. Sonst hielten sie sich im Hintergrund. Ihre Eltern waren nicht dabei.

Der grauhaarige Schatzbeamte fuhr ohne Lächeln fort: »Allerdings wurde der Schatz auf öffentlichem Land gefunden, und das bedeutet, er gehört zur Hälfte dem Staat.«

»Aber wir haben ihn gefunden!«, protestierten wir lautstark. Das konnte doch nicht wahr sein. »Wir allein!«

»Seid froh, dass das in Bayern passiert ist. In anderen Bundesländern dürftet ihr noch weniger behalten.«

»Aber …?« Ich sah fragend zu Pa, er zuckte mit den Schultern. »So ist das Gesetz. Aber ein halber Schatz ist auch ziemlich viel, oder?« Er zwinkerte mir zu.

»In der Tat«, sagte der Schatzbeamte. »Zudem würden wir euch eure Hälfte sehr gern abkaufen. Für die staatliche Museumssammlung. Damit der schöne Fund nicht getrennt wird.«

»Selbstverständlich«, sagte Pa, bevor Axel oder ich den Mund aufbekamen.

»Aber …«, rief Axel.

Pa ließ ihn nicht ausreden. »Jungs, hört mir zu. Es ist nur fair, einen solchen Fund der Allgemeinheit zugänglich zu machen. Den Geldwert bekommen wir ja ausbezahlt.«

»*Wir*, Pa, wir!«, betonte ich, bevor uns der Schatz ganz entglitt.

Pa strich mir lachend über den Kopf. »Natürlich. Ihr.«

»Nur unter einer Bedingung«, verlangte ich, weil es bei Schätzen eben nie nur ums Geld ging. Auch wenn viele Erwachsene das nicht verstanden. »Wir dürfen jeder eine Münze und ein Andenken behalten.«

Der Beamte runzelte die Stirn.

»Ich denke, die Jungs haben sich das verdient«, sagte Pa nachdrücklich.

»Meinetwegen«, brummte der Beamte und kramte vier gelbe und acht hellblaue Formulare aus einer grauen Ablage. »Aber das muss ich alles von der Kaufsumme abziehen.«

Jeder von uns wählte die größte Goldmünze, die er finden konnte. Das Geschmeide war auf einem langen Tisch ausgebreitet und funkelte. Es gab edelsteinbehangene Ketten und breite Diademe, schlichte Armreifen und protzige Anhänger. Axels Blick fiel auf einen goldenen Dolch mit Bernsteingriff und blieb sehnsuchtsvoll daran hängen.

Doch dann griffen wir alle fast zeitgleich nach Ringen. Nicht nach denen mit großen glänzenden Steinen, sondern nach Siegelringen. Sie alle trugen ein Muster oder Wappen, das sich in heißes Wachs eindrücken ließ. Oder in die Wange eines Feindes. Kein Ring besaß einen Totenkopf, aber das war egal. Jetzt hatten wir unsere eigenen Zeichen. Mein Wappen war ein fauchender Löwe. Axel hatte einen Turm, Robbie ein Segelschiff, Oskar eine verschlungene Ranke.

Lionels Gang konnte einpacken mit ihren gekauften Hobbit-Kopien.

Damit war aber noch lange nicht alles gut. Saphira Goldberger schreibt in ihrem Buch auch über die Flüche, die auf vielen Schätzen liegen sollten: dem Grab des Pharaohs Tutanchamun, dem Hort der Nibelungen, der geheimnisvollen Insel Oak Island und vielen anderen. Sie sagt, dass das nur Mythen sind, und dass es für solche Schatzflüche keine Beweise gibt. Doch kaum waren wir daheim, stritten Robbies Vater und Pa, wie wir unser Geld aufteilen sollten, durch drei oder durch vier.

»Sie wollten Oskar immer seinen Anteil geben!«, brüllte Robbies Vater. »Das hat Ihre Frau sogar in der Zeitung verkündet!«

»Ja, klar!«, schrie Pa. »Einen Anteil, aber keinen gleich großen! Ihr Oskar hat nicht mitgesucht und mitgekämpft! Er hat nichts gefunden! Er hat kein Anrecht auf gar nichts, mit dem Ring und der Goldmünze ist alles abgegolten.«

Stundenlang zofften sie sich, drohten sich mit dem Gericht und gegenseitigen Klagen. Vom Schatzgeld bezahlten sie Anwälte, um sich beraten zu lassen, jeder einen besseren als der andere. Sie sagten, sie würden für ihre Söhne kämpfen, aber uns fragten sie nicht, was wir wollten.

Bevor es jedoch tatsächlich zum Prozess kam, liefen sich unsere Mütter beim Bäcker Engelhardt zufällig über den Weg. Sie tranken eine Tasse Kaffee zusammen und waren sich einig: Wir teilten unsere Schatzhälfte nach Abzug der reichlichen Anwaltskosten durch vier. So, wie wir es von Anfang an geplant hatten.

»Das ist nur fair«, sagte Ma. »Die Freundschaft soll nicht unter dem Geld leiden.«

Das war komisch, weil Pa und Herr Lahm waren gar nicht befreundet.

Wie erwartet riss Robbies Vater seinen und Oskars Anteil an sich und verzockte sie an einem langen Wochenende.

Als Axel und ich unsere Anteile wollten, sagte Pa: »Ihr seid noch zu jung für eine solche gewaltige Summe, euch fehlt die nötige Verantwortung.«

»Aber es ist unser Geld!«

»Selbstverständlich ist es das! Ihr sollt es ja auch haben. Später. Bis dahin lassen wir es schön arbeiten.« Er strahlte uns an.

»Warum tun wir es nicht einfach auf ein Sparbuch?«, fragte Ma. »Das ist sicherer. Oder wir kaufen Staatsanleihen oder ...«

Pa schüttelte mit fieberglänzenden Augen den Kopf. »Aktien sind besser, sagt mein Chef immer. Und er kennt sich aus, denn er ist damit reich geworden. Wenn wir es also richtig anstellen, verdoppelt sich euer Vermögen sogar, bis ihr volljährig seid.«

Axel und ich hatten keine Ahnung, wie das mit den Aktien genau funktionierte, aber verdoppeln klang gut. Wir riefen: »Okay!«

Doch Pa stellte es leider nicht richtig an. Nach einer knappen Woche hatte er fast 10.000 Euro von unserem Geld an der Börse verloren.

»Tut mir wirklich leid, das war so nicht vorherzusehen«, sagte Pa vollkommen geknickt beim Abendessen. Seine Augen glänzten nicht mehr. Ohne weitere Proteste von ihm durfte Ma das Geld auf ein einfaches Sparbuch tun.

»Ich ersetze euch das Geld selbstverständlich«, versprach Pa. »Mit Zinsen. Es war schließlich mein Fehler.«

Und so kam es, dass Pa plötzlich bei uns Schulden hatte. Axel und ich fühlten uns wie große Bankiers und erließen ihm die Zinsen großzügig.

Auf unser Sparbuch hatten wir keinen Zugriff, weil wir zu jung waren. Aber wir durften die Zahlen im Sparbuch bewundern. Zusammen besaßen wir – nach Abzug des Staatsanteils, der Anwaltskosten, der Ringe und Münzen und des verzockten Gelds – nur noch ein gutes Achtel des Schatzwerts. Doch das war noch immer eine stattliche Summe. Wie hoch sie genau war, verrieten wir nicht, weil Pa immer sagte, man redet nicht über sein Einkommen. Wir waren keine Millionäre geworden, aber jeder von uns ein mehrfacher Multitausendär, und das war einfach großartig.

Die größte Hitzewelle war vorbei, doch noch immer war kein Regen in Sicht, und die Temperatur stieg mittags auf dreißig Grad. Oskar war wieder gesund, und wir radelten mit ihm die wichtigsten Orte der Schatzsuche ab, um ihm alles zu zeigen. Natürlich schwammen wir nicht ungefragt durch Hartmanns Pool oder kletterten auf das Dach der Schatzers, sondern deuteten von der Straße darauf. Auch Grobmayrs Feld betraten wir nicht, und um Großtante Mechthilds Haus machten wir einen Bogen, denn wir hatten keinen Hunger.

Als wir am Spielplatz vorbeikamen, legten wir eine Pause ein und setzten uns auf eine Banklehne in der Sonne. Ma rief an, und ich lief rüber in den Schatten des Klettergerüsts, bevor ich ranging. Sie wollte aber nur wissen, ob wir gerade einen Schatz suchten.

»Nein«, sagte ich.

»Gut.« Sie glaubte nicht, dass wir einen zweiten finden konnten, und machte sich Sorgen, dass uns etwas passierte. Dabei hatten wir doch bewiesen, dass wir alle Gefahren meistern konnten.

»Pass auf deinen Bruder auf«, sagte sie noch zum Abschied, weil sie inzwischen sein Ohrloch entdeckt hatte.

»Klar«, sagte ich. »Hier ist Schatten.«

Sie legte lachend auf.

Ich ging zu den anderen zurück.

Kurz darauf kam Eleanor vorbeigeschlendert. Sie lächelte.

Axel konnte es nicht lassen. Er sprang auf und rief triumphierend: »Na, wer hat den Schatz gefunden? Wer gewinnt immer?«

Zwei Wimpernschläge lang sah sie ihn an, ohne ihr Lächeln zu verlieren. Mit einem kurzen Nicken zu Robbie sagte sie: »Sein Vater zumindest hat nicht gewonnen. Er hat das ganze Geld verzockt.«

»Ist doch egal! Wir haben noch immer die Hälfte. Und das ist ein Haufen.«

»Ich weiß«, sagte Eleanor. »Aber weißt du, an wen sein Vater alles verloren hat?«

»Wen interessiert's?«, stieß Robbie hervor. »Weg ist weg! Oder?«

Sie legte den Kopf schief und hob die Augenbrauen. »An meinen Vater. Und der hat alles für mich angelegt. Jeden Cent.« Sie lächelte ihr Porzellanprinzessinnenlächeln und drehte sich um. Mit erhobenem Kopf schlenderte sie davon. Über die Schulter rief sie zurück: »Ich gewinne immer!«

Robbie starrte ihr nach, sein Unterkiefer zitterte. Oskar sprang von der Bank und warf ihr eine Handvoll trockenen Sand hinterher. Dummerweise hatte er Gegenwind und bekam die Hälfte ins eigene Gesicht.

Die andere Hälfte verhungerte unterwegs. Eleanor war schon auf der anderen Straßenseite und ging weiter, als könnte ihr nichts etwas anhaben.

»Warum?«, murmelte Robbie. »Warum immer sie? Selbst wenn sie verliert, gewinnt sie.«

»Hat sie nicht«, widersprach ich. »Wir haben den Schatz gefunden.«

»Und sie hat unser Geld.«

»Du weißt, dass Axel und ich unseres mit euch teilen. Das ist abgemacht.« Wir mussten es nur vom Taschengeld abstottern, weil wir an das Konto ja nicht rankamen. Zumindest hatten wir dank des Schatzes noch eine Taschengelderhöhung und eine fette Feriensonderzahlung durchgesetzt.

Robbie schnaubte. »Sie hat allein so viel wie wir zu viert.«

»Ja, aber nur weil sie allein ist.«

»Allein? Was ist mit Du-da und allen, die sie sonst bezirzt?«

Ich zuckte mit den Schultern. Eleanor hatte nur von ihrem Geld geredet, nicht von Du-da und anderen Bezirzten, nicht vom Teilen. Sie verschwand hinter der nächsten Kurve. »Ist doch egal. Jeder weiß, dass wir den Schatz gefunden haben. Wir waren in der Zeitung, nicht sie. Unsere Namen werden im Museum bei den ausgestellten Schätzen stehen. Wir haben die

Ringe, vier echt antike Siegelringe mit Wappen. Und wir haben sie uns erkämpft. Sie hat nur daheim ihren Vater bezirzt. Sie hat nur Geld bekommen, aber der Schatz des alten Ringler ist für immer unserer.«

Ein Lächeln huschte über Robbies Gesicht, und er legte mir den Arm um die Schulter.

»Aber wenn das gar nicht der Schatz des alten Ringler war?«, fragte Axel. »Das hat der Schatzbeamte gesagt. Dann könnten wir den doch jetzt wirklich suchen?«

»Der Schatzbeamte hat keine Ahnung«, sagte Robbie. »Von wem waren die Hinweise denn sonst?«

Wir gingen zu den Rädern hinüber, um Oskar auch noch zu zeigen, wo genau im Wald wir die Truhe gefunden hatten.

»Aber wenn der Mondschatz doch der vom alten Ringler war, dann muss der aus dem Dreißigjährigen Krieg noch irgendwo versteckt sein«, sagte Axel mit seltsamer Logik.

»Dutzende!«, rief Oskar. »Der Schatzbeamte hat gesagt, dass damals haufenweise Truhen verschwunden sind. Die müssen doch irgendwo sein!«

Wir sahen uns an. Die Ringe glänzten in der Sonne. Ma durfte es nicht erfahren, aber wenn wir den Schatz erst einmal gefunden hätten, würde sie bestimmt auch wieder nichts sagen.

»Oskar trägt den Rucksack!« Übermütig sprang Axel in den Sattel und wetzte los. Wir stürmten ihm hinterher und holten ihn rasch ein. Nebeneinander fuhren wir dem Wind und der Sonne entgegen.

Boris Koch

geboren in einer Winternacht 1973, wuchs auf dem Land auf und studierte Alte Geschichte und Neuere Deutsche Literatur in München. Beides brach er zugunsten des Schreibens ab und zog nach Berlin. Dort war er Mitbegründer der Lesebühne *Das StirnhirnhinterZimmer*. Heute lebt er zusammen mit der Autorin Kathleen Weise und der gemeinsamen Tochter in Leipzig. Er schreibt Romane für Kinder und Kindsköpfe, für Jugendliche und Erwachsene, und textet Comics. Hier arbeitet er überwiegend mit Frauke Berger zusammen, die auch das Cover und die Illustrationen der *Mondschatzjäger* anfertigte. Seine Bücher wurden mehrfach ausgezeichnet.

Mehr unter www.boriskoch.de und instagram.com/autorboriskoch